Germanischer Lloyd

Vorschriften für Klassifikation und Bau von hölzernen Segelyachten

Germanischer Lloyd

Vorschriften für Klassifikation und Bau von hölzernen Segelyachten

ISBN/EAN: 9783954270996
Erscheinungsjahr: 2012
Erscheinungsort: Bremen, Deutschland

© *maritimepress in Europäischer Hochschulverlag GmbH & Co. KG, Fahrenheitstr. 1, 28359 Bremen. Alle Rechte beim Verlag und bei den jeweiligen Lizenzgebern.*

www.maritimepress.de | office@maritimepress.de

Bei diesem Titel handelt es sich um den Nachdruck eines historischen, lange vergriffenen Buches. Da elektronische Druckvorlagen für diese Titel nicht existieren, musste auf alte Vorlagen zurückgegriffen werden. Hieraus zwangsläufig resultierende Qualitätsverluste bitten wir zu entschuldigen.

Germanischer Lloyd

Vorschriften

für

Klassifikation und Bau

von

hölzernen Segelyachten

1926

Gedruckt in der
Rats- und Universitäts-Buchdruckerei Adlers Erben, G. m. b. H., Rostock i. M.

Veröffentlichungen

des

Germanischen Lloyd, Berlin NW 40, Alsenstr. 12

Internationales Register

Vorschriften für Klassifikation und Bau von flusseisernen Seeschiffen

Vorschriften für Klassifikation und Bau von hölzernen Seeschiffen 1920

Vorschriften für Klassifikation und Bau von flusseisernen Wattschiffen

Vorschriften für Klassifikation und Bau von flusseisernen Binnenschiffen

Vorschriften für Klassifikation und Bau von hölzernen Segelyachten 1926

Sondervorschriften für die hölzernen Nationalen 35 qm, 45 qm, 60 qm, 75 qm, 125 qm, 175 qm u. 250 qm Kreuzer-Yachten 1925 nebst Nachtrag 1926

Vorschriften für maschinelle Einrichtungen

Materialvorschriften

Vorschriften für Verbrennungsmotoranlagen

Vorschriften für elektrische Anlagen

Grundsätze für die Prüfung von Gußeisen, Feuer- und Ankerrohren, Kupferrohren, Kondensatorrohren, Schrauben und Schraubenflügeln, Schaufeln für Dampfturbinen, Ladebäumen, Hilfsmaschinen und Apparaten

Neubautenlisten

Alle für den „**Germanischen Lloyd**" bestimmten Zuschriften sind einzusenden an:

Germanischer Lloyd, Berlin NW 40, Alsenstraße 12

Telegraphische Adresse: **Klassenlloyd Berlin**

Seedienst-Schlüssel im Gebrauch

Besichtiger und Agenten des Germanischen Lloyd
Juli 1926

ʀ = Telegramm-Adresse T = Telephon

Europa
Deutschland

Pillau s. Königsberg
Königsberg i. Pr. Besicht. f. Schiffe: Ing. G. Fechter, *Kaiserstr. 21*, T *7131*.
    Besicht. f. Masch.: Mar.-Obering. a. D. P. Vorberg, *Königstr. 53*, T *6742*.
Elbing s. Danzig
Stolpmünde s. Stettin
Swinemünde s. Stettin
Stettin Schiffs- und Maschinen-Inspektion des Germanischen Lloyd, *Bollwerk 1, 2 Tr.*; T *407*.
    Besicht. f. eiserne Schiffe: Ing. O. Jacob
    „ „ Masch.: Ing. H. Sperling
    „ „ hölzerne Schiffe: Ing. R. Krüger
Wolgast s. Stettin
Stralsund Besicht. f. eiserne Schiffe u. Masch. s. Rostock
    Besicht. f. hölzerne Schiffe s. Stettin
Rostock Besicht. f. Schiffe: Schiffb.-Ing. Prof. W. Schnapauff, *Friedrichfranzstr. 2*, T *1269*
    Besicht. f. Masch.: Ing. P. Erdmann, *Friedrichstraße 7*, T *616*
Wismar s. Rostock
Lübeck Schiffs- und Maschinen-Inspektion des Germanischen Lloyd: *Adolfstr. 21 a*
    Besicht. für Schiffe: Ing. J. Runge, T *1260*
    Besicht. für Schiffe und Masch.: Ing. E. Fasse, T *3028*
Kiel Schiffs- und Maschinen-Inspektion des Germanischen Lloyd: *Wall 1*
    Besicht. f. Schiffe: Schiffb.-Ing. L. Martins, Werkmeister Krüger
    Besicht f. Masch.: Marine-Obering. a. D. Fr. Haase, Ing. H. Weidler

Rendsburg s. Kiel
Flensburg Besicht. f. Schiffe u. Masch.: Ing. G. Börnsen, *Toosbüystr. 14*
Wyk (Föhr) Agenten: L. Heymann & Söhne, ʀ *Heymann Wykföhr*, T *4*
Tönning Agent: Konsul C. Becker, Firma Carl Magn. Lexow, ʀ *Lexow*, T *6*
    Besicht. f. Schiffe u. Masch. s. Flensburg
Friedrichstadt s. Flensburg
Altona s. Hamburg
Hamburg Germanischer Lloyd, Abteilung für das Elbegebiet. Bureau: *Vorsetzen 35, Karpfangerhaus, Börse, Pfeiler Nr. 37, Sitz a.* ʀ *Klassenlloyd*, T *Nordsee 2405 u. 2406*.
    Chef der Abteilung: Ing. C. Sombeek, stellvertretender Direktor
    Besichtiger für Schiffe: Dipl.-Ing. Ad. Richter, Ing. F. Beeck, Dipl.-Ing. F. Ziegler, Ober-Ing. C. Fischer, Ing. C. Sombeek, Ing. Fr. Baetke, Werkmeister Hamann
    Besichtiger für Masch.: Ober-Ing. Dipl.-Ing. A. Kühn, Ing. W. Bock, Ad. Jochimsen, G. Engelke
    Besichtiger für elektrische Anlagen: Ing. O. Harms
Cuxhaven Besicht. f. Schiffe: Schiffbaumeister Wilh. Peters
    Besicht. f. Masch. s. Hamburg
Bremerhaven Schiffs- u. Maschinen-Inspektion des Germanischen Lloyd, *Bürgermeister-Smidt-Straße 30*, T *963*
    Besicht. f. Masch.: Ing. M. Biese
Wesermünde-G } s. Bremerhaven
Wesermünde-L }

Besichtiger und Agenten.

Wilhelmshaven
Nordenham   ⎫ s. Brake
Einswarden   ⎭

Brake Schiffs-Insp.: Ing. G. Eigendorff, *Ulmenstr. 2*, T *346*
  Besicht. f. Masch. für d. Bezirk Oldenburg, Osterholz-Scharmbeck, Wilhelmshaven, Ostfriesland und die Provinz Groningen: Ing. O. Wilke in Oldenburg, *Friederikenstr. 8*

Osterholz-Scharmbeck
  Besicht. f. Schiffe s. Bremen
  Besicht. f. Maschinen s. Brake

Rönnebeck ⎫
Vegesack ⎭ s. Bremen

Bremen Schiffs- u. Maschinen-Inspektion des Germanischen Lloyd, Bureau: *Domshof 26*, T *1559*
  Besicht. f. Schiffe: Ing. Ad. Jülicher, Dipl.-Ing. W. Vollrath
  Besicht. f. Masch.: Ing. E. Ebert

Emden Besicht. f. Schiffe: Ing. Fr. Petersson, *am Delft 35*, T *481*
  Besicht. f. Masch. s. Brake

Leer s. Emden

Westrhauderfehn Besicht. f. Schiffe: Kapt. M. Schoemaker

Papenburg Besicht. f. Schiffe s. Emden
  Besicht. f. Masch. s. Brake

Düsseldorf Germanischer Lloyd, rhein.-westf. Abt. für Materialprüfung, *Kaiser Wilhelmstr. 38*, ꝶ *Klassenlloyd*, T *14607*. Chef der Abteilung Stellvertretender Direktor: Dipl.-Ing. A. Schylla
  Besichtiger in Düsseldorf:
    Ober-Ing. O. Willemsen, v. Wyl
  Besichtiger in Dortmund:
    Ing. F. Schaeffer, *Victoriastr. 8*, T *3597*
  Besichtiger in Köln:
    Ing. Ad. Preu, *Hansa-Ring 24*, T *A 9425*

Dortmund s. Düsseldorf

Köln Besicht. f. Schiffe u. Masch. am Rhein von Koblenz abwärts bis zur holländischen Grenze: Ing. Ad. Preu, *Hansa-Ring 24*, T *A 9425*
  Für Materialprüfungen s. Düsseldorf

Frankfurt a. M. ⎫
Kastel/Mainz   ⎭ s. Mannheim

Mannheim Besicht. f. Schiffe u. Masch. am Rhein abwärts bis Koblenz (ausschließ.):
  Ing. W. v. Dorsten, *Mannheim-Feudenheim, Schützenstr. 24*, ꝶ *Dorsten*, T *6099*

Saarbrücken 3 Besicht. f. Materialprüfungen: Ing. A. Bier, *Goethestr. 6*, ꝶ *Bier*, T *437*

Friedrichshafen a. B. Besicht. f. Yachten für den Bezirk Bodensee: Ing. O. Erbe, *Schloßstr. 16*

München Besicht. f. Schiffe (ausgen. Yachten) u. Masch.: Ing. A. Grambow, *Vaterstetten, Luitpoldring 56*, T *Haar b. München No. 4*

Regensburg Besicht. f. Schiffe u. Masch. für die Häfen der deutschen Donau: s. München

Gleiwitz Besicht. f. Materialprüfungen: Ing. Th. Wendt, *Wilhelmstr. 35*, T *1018*

Magdeburg Besicht. f. Yachten: Obering. Hermann Lehmann, *Klewitzstr. 14 (Sudenburg)*

Berlin „Germanischer Lloyd", *NW 40, Alsenstr. 12*, ꝶ *Klassenlloyd*
  Schiffs- u. Maschinen-Besichtigungen u. Materialprüfungen f. Mitteldeutschland, soweit nicht örtliche Besichtiger in Frage kommen.

Danzig

Zoppot Besicht. f. Schiffe u. Masch.: Ing. O. Sturm, *Caecilienstr. 5*

Memelgebiet

Memel Besicht. f. Schiffe u. Masch.: Ing. F. Marx, *Schlewies Str. 21*

Belgien

Antwerpen Schiffs- u. Maschinen-Inspektion, *Place du Rhin 4*, ꝶ *Norske*, T *6140*
  Ing. P. J. Goetbloet u. Ing. Arthur F. C. Goetbloet

Cypern

Larnaca Agent: Konsul Z. D. Pierides, *P. O. Box 25*, ꝶ *Pierides*

Dänemark

Kopenhagen Bevollmächt. f. d. Königreich Dänemark, Besicht. für Schiffe und Masch.: Ing. A. Chr. Brorsen u. Ing. H. Overgaard, *Amaliegade 31*, ꝶ *Survey*
  Besicht. f. Schiffe u. Masch.: Ing. Otto Hensch und Ing. J. F. Petrusson

Fredrikshavn s. Aalborg

Aalborg Besicht. f. Schiffe und Masch.: Ing. Jul. Jacobsen

Odense s. Svendborg

Svendborg Besicht. f. Schiffe: Schiffbaumeister J. Fisker Andersen

Nakskov s. Kopenhagen

Rönne (Bornholm) Besicht.: Navigationslehrer Carl Falck

Besichtiger und Agenten.

Esbjerg Besicht. f. Schiffe: Kapt. H. N. Andersen, Kirkegade 62, T *1130*
Reykjavik. Besicht.: Olafur Th. Sveinsson, ⌜ *Survey*, T *631*

England, Schottland und Irland

Aberdeen Besicht. f. Schiffe u. Masch.: Pirie & Smith, Cons. Eng., *186 Market Street*, ⌜ *Ready*, T *1012*
Dundee s. Glasgow
Leith s. Glasgow
Glasgow Besicht. f. Schiffe u. Masch.: Wm. Howie, Consult. Eng., *C. 2, 79 Robertson Street*, ⌜ *Cantilever*, T *7243 Central*
North Shields Besicht. f. Schiffe u. Masch.: R. H. Baird, Consult. Eng., *New Quay*, ⌜ *Baird*, T *216*
Middlesbro' Besicht. f. Schiffe u. Masch.: Albert Ostens, Consult. Eng., *Royal Exchange*, ⌜ *Propeller*, T *526*
Hull Besicht. f. Schiffe u. Masch.: John Clarke, Consult. Eng. & Mar. Surv., *French Chambers, Queen's Dock Side*, ⌜ *Nicholas*, T *Central 5073*
London Agenten: C. Hoffmann & Co., *11 Hart Street, Mark Lane E. C. 3*, ⌜ *Rappard*
 Besicht. f. Schiffe u. Masch.: W. J. Norris, Consult. Eng., *6 & 7 Cross Lane, Eastcheap E. C. 3*, T *Royal 2618*
Portsmouth s. Southampton
Southampton Besicht. f. Schiffe: R. Henderson, Nav. Arch., I. F. John W. Jack, *32 Queens Terrace*, ⌜ *Jack*, T *5326*
Dartmouth Agenten: Fox, Sons & Co., ⌜ *Fox*
Plymouth Agenten: Fox, Sons & Co., ⌜ *Fox*
 Besicht. f. Schiffe u. Masch.: R. M. Williams, Consult. Eng., *66 Peverell Park Road*, ⌜ *Veritas*
Falmouth Agenten: G. C. Fox & Co., ⌜ *Fox*
Cardiff Besicht. f. Schiffe u. Masch.: William Law, Salvage Buildings, *Clarence Road, Docks*, ⌜ *Octagon*, T *1336*
Birmingham Besicht. f. Materialprüfungen: Gerhard H. Burgess, *17 Forest Road, Moseley*, ⌜ *Tested*
Liverpool Besicht. f. Schiffe u. Masch.: W. M. Fletcher, Consult. Eng., *Orange Court, 41 Castle Str.*, ⌜ *Busheng*, T *707 Wallasey*
Belfast Besicht. f. Schiffe u. Masch.: Edward H. MacIlwaine, Consult. Eng., *8 Corporation Str.*, ⌜ *Macilwaine*, T *756*
Dublin Besicht. f. Masch.: Jas. Dornan, Mar. & Mech. Eng., *24 Lower Leeson Str.*, ⌜ *Rodecir*, T *4830*

Estland

Reval Besicht. f. Schiffe: Ing. Hans Einberg, *Gr. Lagerstraße 8 A, W 7*
 Besicht. f. Masch.: Mar.-Ing. Herbert Schönefeldt, *Pferdekopfstr. 2, W 2*

Finnland

Wiborg Besicht. f. Schiffe u. Masch.: Ing. A. Gulin
Helsingfors Besicht. f. Schiffe u. Masch.: Ing. Karl R. Pettersson, *Fredsgatan 3*, T *2078 & 903*
Åbo Besicht.: Kapt. John Tengström, *Lasarettsgatan 8b*

Frankreich

Dünkirchen s. Antwerpen (Belgien)
Marseille Agent: William Carr, *16 Rue de Beauvau*, ⌜ *Carr*, T *376*

Gibraltar

Agenten: Turner & Co., ⌜ *Turner*

Griechenland

Patras s. Piraeus
Piraeus Agenten: Frangopulos Frères, ⌜ *Franfrères*
Saloniki: Agent John Campbell Nachfl. (Inh. Hans Heitmann), ⌜ *Campman*

Holland

Amsterdam Agenten: Duinker & Goedkoop, *Gelderache Kade Nr. 10*, ⌜ *Average*, T *2232 Nord*
Rotterdam Agenten: Th. & R. Bernicke, ⌜ *Bernicke*, T *1395*
 Besicht. f. Schiffe: Ing. A. Schouwenaar, *Mathenesserlaan No. 254*, T *32116*
 Besicht. f. Masch. für die holländischen Häfen mit Ausnahme der Provinz Groningen: Ing. Jan van der Vorm, *Nieuwe Binnenweg 146*, T *7283*
Groningen Besicht. f. Schiffe: s. Rotterdam
 Besicht. f. Masch.: s. Brake a. d. Weser

Italien

Triest General-Agenten für die Häfen des Adriatischen Meeres: G. Tarabochia & Co., *Börsengebäude*, ⌜ *Tarabochia*, T *Nr. 11, 1—53 & 4—29*
 Besicht. f. Schiffe: Ing. Riccardo Danieli, *Via S. Nicolò 7/1*, ⌜ *Consulenza*, T *11—88*
Venedig Besicht. f. Schiffe u. Masch.: Ing. Vittorio D'Anna; *S Gio Laterano 6385*, T *4—10*

Besichtiger und Agenten

Genua Agenten: King, David & Co., *Piazza S. Sabina 2 P. O. Box 445*, ⌶ *Kingdavid*
Besicht. f. Schiffe u. Masch.: Ing. Carlo Massa, *Via Martin Piaggio 23—8*, ⌶ *Submarine*, T *41—07*
Livorno Agenten: De Micheli & Wassmuth, ⌶ *Demicheli*, T *256*
Neapel Agenten: Nave, Nav. a vap. ed a vela, *88 via Depretis*, ⌶ *Nave*, Postfach *503*, T *2486*
Palermo
Messina } s. Catania
Siracusa
Catania Agent: Konsul Curt Haeni, ⌶ *Haeni*, T *2137*

Lettland

Riga Besicht. f. Schiffe u. Masch.: Ing. Heinrich Seesemann, *Taubenstr. 18*
Windau s. Riga
Libau Besicht. f. Schiffe: Kapitän Jac. Kirschstein, *Sonnenstraße 4*, ⌶ *Kirschstein*

Malta

La Valetta Agent: Edgar Arrigo, Dir. des Malta Bunkering Depot Ld., ⌶ *Mabude*
Misida Besicht. f. Schiffe u. Masch.: Ing. Vincent Farrugia

Norwegen

Oslo Besicht. f. Schiffe u. Masch.: Mar.-Ing. Carl Conradi, *Prinsensgade 2 b*, ⌶ *Consulent*, T *21737*
Kristiansand Agent: Konsul H. F. von Riegen, ⌶ *Riegen*, T *390*
Stavanger Besicht. f. Schiffe u. Masch.: Ing. Tollef Olsen, *Ovre Holmsgade 23*
Bergen Besicht. f. Schiffe u. Masch.: Ing. Niels J. Ornell, *Harald Haarfagersgate 4*
Drontheim Besicht. f. Schiffe u. Masch.: Ing. H. G. Jürgens, T *1383 & 554*
Bodö Besicht. f. Schiffe u. Masch.: Björne Klinge
Narvik Agent: Erling Nannestad, Oberrechtsanwalt, Direktor des Nordlanske Havarikontor

Österreich

Wien Besicht. f. Schiffe u. Masch.: Ing. Otto Katzinger, *Mariahilferstr. 117, Wien VI.*

Portugal

Lissabon Agenten: Marcus & Harting L^{da}, ⌶ *Hartus*
Oporto Agenten: J. W. Burmester & Co. L^{da}, *Rua de Belmonte 39*, ⌶ *Burma*, T *86*
Ponta Delgada (Azoren) Agent: Konsul H. Jobst, ⌶ *Digma*, P. O. B. *74*, Unteragent: Dir. Schroeder in *Horta*
Horta (Azoren) s. Ponta Delgada

Rumänien

Braila Besicht. f. Schiffe u. Masch.: Jack Corbu, B. A. Naval Arch., ⌶ *Corbu*, T *52/4*.
Galatz
Constanza } s. Braila
Sulina

Rußland

Odessa Agent: C. Meves, i. Fa. „Derutra", Deutsch-Russ. Lager- u. Transp.-Ges. m. b. H., *Deribassowskaja No. 12*, ⌶ *Derutra-Meves*.
Novorossisk s. Odessa.
Leningrad Agent: Otto Bensel i. Fa. „Derutra", Deutsch-Russ. Lager- u. Transp.-Ges. m. b. H., *Pr. 25 October 62*; ⌶ *Derutra-Bensel*.

Schweden

Luleå Besicht. f. Schiffe: Karl Hj. Falkland, Hafenkapitän
Gefle Besicht. f. Schiffe u. Masch.: Ing. Arvid Björk, ⌶ *Björk*
Stockholm Besicht. f. Schiffe u. Masch.: Ing. A. E. Falk, *Kv. Valhall 7, Lidingö-Villastad* Besicht. f. Materialprüfungen: Ing. Oskar Casperson, *Banérgatan 51*; ⌶ *Inspectio*.
Oskarshamn Besicht. f. Schiffe u. Masch.: Ing. Arthur Wingren, ⌶ *Arthurwingren*, T *4*
Ystad Agent: F. Stålhammar, ⌶ *Stålhammar* Besicht. f. Schiffe u. Masch.: s. Kopenhagen
Gothenburg Besicht. f. Schiffe u. Masch.: Chefinspektor Ing. Lennart Runhagen, *Skeppsbron 4*, T *3424*, ⌶ *Runhagen*

Schweiz

Basel Besicht.: Ing. Adolf J. Ryniker, *Hebelstr. 138*, T *21, 78*

Spanien

Barcelona Agent: Dr. Schäfer, *Pasaje de la Paz, 10 bis*, ⌶ *Reunión*
Besicht. f. Schiffe u. Masch.: Ing. Juan Soldevila
Cartagena Agent: Konsul Enrique C. Fricke, *Apartado 9*, ⌶ *Fricke*, T *Interurbano No. 30, Urbano No. 170*
Valencia Agent: Enrique C. Fricke, *Avenida Navarro Reverter, 28*, ⌶ *Navegación*, T *1175*
Malaga Agent: Konsul Rudolf Frömke, ⌶ *Froemke*
Cadiz Agent: Baquera, Kusche & Martin, S. A., *Apartado 64*, ⌶ *Bakumar*, T *649*
Vigo Agent: Konsul R. Kindling, *Pablo Morillo 4*, ⌶ *Kindling*

Santander Agenten: Hoppe y Compañia, *Boulevards de Pereda 29, Apartado 27*, ℞ *Hoppe,* T *102*
Bilbao Agenten: Hoppe y Compañia Ltd., *Apartado 32*, ℞ *Hoppe*, T *111*
  Besicht.: Kapt. Pedro Perez Gante
San Sebastián } s. Bilbao
Pasajes

Türkei
Constantinopel Agenten: W. Märklin & Co., *Galata Bahtiar Han*, T *Pera 570*, ℞ *Maerklinco*.

Ungarn
Budapest Materialprüfung u. Besicht. f. Masch.; Dipl.-Ing. Alexander Stein, *Baross-Utca 79*, T *51—88*
  Besicht. f. Schiffe: s. Wien

Afrika
Funchal (Madeira) Carlos H. Müller i. F. Soc. Ins. de Transp. Mar. Lᵈᵃ, *29, Rua das Fontes, Caixado Correio No. 77*, ℞ *Dekade*
Santa Cruz de Tenerife Agent: Konsul Jacob Ahlers, T *Nr. 37*, ℞ *Ahlers*; *Postfach 106*
Las Palmas s. Santa Cruz de Tenerife
Algier Agent: F. Neßler, Soc. Continentale de Combustibles S. A., *1 Rue Littré*, ℞ *Dekade* und *Socumbusti*, T *56—74*
Port Said Agent: Konsul R. Pauling, Direktor des deutschen Kohlen-Depots; ℞ *Dekade*, *P. O. Box 261*
Suez Agent: Konsul Geo Meinecke, *Colmar Street 12, P. O. Box Nr. 11*
Alexandrien Agent: The Mercantile Shipping & Coaling Co. Bianchi & Co. ℞ *Medilevant;* T *18—29 P. O. Box 1335*
Durban Agenten: Taeuber & Corssen, *44, 45, 46 Anstey's Build., West Str., P. O. Box 1521*, ℞ *Matador*, T *3777*
Kapstadt Agenten: Wm. Spilhaus & Co. Ld., *P. O. Box 113*, ℞ *Spilhaus*

Amerika
Nord-Amerika
Boston s. New York
New York Besicht. f. Schiffe u. Masch.: Ing. Gustav Schmitt, *15 Whitehall Str., Room 419*
Philadelphia s. New York
New Orleans Besicht. f. Schiffe u. Masch.: J. A. Laing, Cons. Eng. & Mar. Surv., *306 Tulane Newcomb. Build., Main 5194*

San Francisco Besicht.: Philip R. Thayer, *Matson Build.*
Portland (Oregon) Besicht. f. Schiffe u. Masch.: Edward G. Tuck, Mar. Surv. & Consult. Eng., *510, Board of Trade Build.*, ℞ *Record*, T *Broadway 0609*
Vancouver (Canada) Agenten: Dingwall Cotts & Co., *325 Howe Street Pacific Coast Fire Building, Rooms 101—102*, ℞ *Dincotts*, T *Seymour 4126, 4127*.

Mittel-Amerika
Habana Agent: H. Toennies, *Apartado 32*, ℞ *Toennies*
St. Thomas
Curaçao Agent: Walther Schmidt, ℞ *Hornsmid*
Maracaibo } s. Curaçao
Porto Cabello
Colon (R. P.) Agent: Konsul Walter F. Scharpp, *P. O. Box 205*

Süd-Amerika
Buenos Aires Agenten: Heine & Cia., *Reconquista 210*, ℞ *Heinemil*
  Unteragenten: Eitel & Co. in Rosario
Rosario s. Buenos Aires
Montevideo Agenten: Dorner & Bernitt, ℞ *Cisplatino*
Rio de Janeiro Agenten: Herm. Stoltz & Co., ℞ *Hermstoltz*
Valparaiso Agenten: Weber & Co., ℞ *Weber*
  Besicht. f. Schiffe u. Masch.: Ing. Otto Smith, *Calle Cochrane 319; Casilla 1338*, ℞ *Smitco*, T *2765*

Asien
Japan
Yokohama Agenten: C. Illies & Co., ℞ *Illies*
Kobe Agenten: C. Illies & Co., ℞ *Illies*
  Besicht.: J. H. Thomson.
Dainy (Dairen) Agenten: O. H. Anz & Co., ℞ *Anz*

China
Tsingtau Agenten: Shangtung Overseas Trading Co. (Alfred Schröder & Co.), ℞ *Shanover*
Shanghai Agenten: Melchers & Co., *19—20 Kiukiang Road*, ℞ *Melchers*
Hankau s. Shanghai
Amoy Agenten: Pasedag & Co., ℞ *Pasedag*
  Besicht. f. Schiffe: Kapt. John A. Kupsch

Hongkong Besicht. f. Schiffe: Ing. Robert H. Douglas, i. F. Goddard & Douglas, ℞ *Goddard*
Besicht. f. Masch.: Ing. Robert Hunter i. F. Macdonald & Hunter, *Prince's Build.*, P. O. Box No. 54, ℞ *Veritas*, T *143*

Philippinen.

Manila Agenten: Behn, Meyer & Co. H. Mij., *Juan Luna 132*, P. O. Box 298, ℞ *Oldarno*

Niederl.-Indien

Soerabaya Agenten: Behn, Meyer & Co., H. Mij., ℞ *Behnmeyer*
Batavia (Java) Agenten: Behn, Meyer & Co., H. Mij., ℞ *Behn*
Medan (Sumatra) Agenten: Handel-Maatschappij Güntzel & Schumacher für Sumatra (Ostküste, Westküste u. Atjeh), ℞ *Güntzel*
Sabang Besicht.: Hafenmeister J. van Abbe, ℞ *van Abbe*, T *25 (privat 38)*

Straits-Settlements

Singapore Besicht. f. Schiffe: F. G. Ritchie, Consult. Eng., *G-3 Union Build.*, ℞ *Ritchie Arcade*
Besicht. f. Masch.: D. Bisset, Consult. Eng., *G-3 Union Build.*, ℞ *Ritchie Arcade*

Britisch-Indien

Bombay Besicht. f. Schiffe: Ericson & Richards, *Mar. Surv. Hatia Build. 207 Hornby Road, Fort*, ℞ *Richards*; T *24045*
Karachi s. Bombay
Calcutta Agenten: H. & W. Simpson & Co., *10 Strand Road*, P. O. Box 2298, ℞ *Tubalcain*, T *1004*

Australien

Sydney Agent: Rudolf Schneider, *Wentworth Build., 6 Dalley Str.*, P. O. Box 216, T *3209*
Adelaide } s. Sydney
Melbourne
Auckland (Neu-Seeland) Agenten: Russell & Somers, *3 Customs Str. West*

Klassifikationsvorschriften
für
hölzerne Segelyachten

§ 1
Klassifikation

1. Die Grundlage für die Klassifizierung der Segelyachten bilden die Klassifikations- und Bauvorschriften.
2. Segelyachten mit Hilfsmotor werden nur klassifiziert, wenn auch die Motoranlagen den Vorschriften entsprechen, s. Abschnitt 10 der Bauvorschriften.
3. Die Ausfertigung der Klassenzertifikate erfolgt durch den Vorstand des Germanischen Lloyd (G. L.).

§ 2
Klassenzeichen

1. Die Klassenzeichen für hölzerne Segelyachten sind 100/4 und 90/3, worin die Zahlen 100 und 90 den Grad der Stärke und den Unterhaltungszustand der Schiffe und die Zahlen 4 und 3 die Dauer der Besichtigungsperioden in Jahren ausdrücken; ferner das Zeichen ✠ zur Hervorhebung der Bauaufsicht.
2. Yachten, die in allen Teilen den Bau- und Ausrüstungsvorschriften entsprechen, erhalten die Klasse ✠ 100/4. Ist nicht allen Anforderungen der Vorschriften entsprochen, so kann die Klasse ✠ 90/3 erteilt werden.
3. Für Yachten, die nur in der Binnenfahrt segeln, können die in den Bauvorschriften hierfür angegebenen Erleichterungen zugelassen werden. In diesem Falle wird der Klasse noch ein Fahrtzeichen i — Binnenfahrt hinzugefügt. Die Innehaltung der diesem Fahrtzeichen entsprechenden Grenzen ist eine Bedingung der Klasse.

i — Binnenfahrt ist die Fahrt auf Binnenseen, Flüssen, Watten, Haffen, Föhrden.
Wenn eine Yacht der Binnenfahrt die Grenzen derselben überschreitet, so hat der Eigentümer der Yacht, sobald dieselbe im Winterlager liegt, dem Vorstand des G. L. Anzeige zu machen und seine Yacht zur Untersuchung zu stellen. Erfolgt die Anzeige nicht oder unterbleibt die Besichtigung, so verfällt die Klasse.

§ 2 4. Wenn Yachten durch die Abkürzung exp. neben der Klasse gekennzeichnet werden, so sind sie während der ersten vier Jahre nach ihrer Klassifikation mindestens alljährlich zu besichtigen. Nach Ablauf dieser Zeit entscheidet der Vorstand des G. L. über die weiteren Besichtigungen.

§ 3
Klassifikationsverfahren

1. Der **Antrag zur Klassifikation** ist von der Werft oder dem Besteller schriftlich an den Vorstand des G. L. zu richten.

2. Dem Antrag sind unter Angabe der Klasse, die man der Yacht zu sichern wünscht, sowie gegebenenfalls des Fahrtzeichens und des Baumaterials nachstehende **Zeichnungen** in dreifacher Ausfertigung und **Angaben** beizufügen:

   a. **Längs- und Querschnittzeichnungen**, aus denen die Materialstärken aller Längs- und Querverbände des Schiffskörpers und deren Anordnung, die Aufbauten, sowie Einzelheiten der Verbolzung und das Gewicht der Anker und die Abmessungen der Ketten und Trossen ersichtlich sind.

   b. **Plan des Decks**, auf dem die Balken, Luken, Knie, Diagonalschienen usw. angegeben sind.

3. **Abweichungen** von den genehmigten Bauzeichnungen können nur nach vorher getroffener Vereinbarung mit dem Vorstande des G. L. gestattet werden.

§ 4
Besichtigungen während des Baues

1. Der Bau einer von dem G. L. zu klassifizierenden hölzernen Segelyacht muß unter einem wetterfesten Dach ausgeführt werden.

2. Der Besichtiger hat darauf zu achten, daß nur gutes Material zur Verwendung kommt. Alles Holz muß frei von schädlichen Fehlern und möglichst trocken sein; das Gewicht, welches den Angaben im Abschnitt 1, 2 der Bauvorschriften entsprechen muß, ist an Proben festzustellen. Fehlerhaftes Material ist zu verwerfen.

3. Der **Besichtiger** ist verpflichtet, an Hand der genehmigten Zeichnungen und Bauvorschriften die **Verbandteile** nachzumessen und mit besonderer Sorgfalt die Arbeitsausführung des Baues — Abschnitt 8 der Bauvorschriften — zu überwachen.

4. Die **Anker** sind auf ihr Gewicht und die **Ketten** und **Trossen** auf ihre Abmessungen zu prüfen. Der Besichtiger hat Einsicht in die Prüfungsatteste der Anker und Ketten zu nehmen und darauf zu achten, daß sie in der vorschriftsmäßigen Weise und auf anerkannten Maschinen geprüft sind; er hat, falls dies noch nicht geschehen, den Namen der Yacht in die Atteste einzusetzen.

5. Nach Fertigstellung der Yacht ist der **Baubericht** auf dem vorgeschriebenen Vordruck von dem Besichtiger an den Vorstand des G. L. einzusenden, worauf nach Prüfung und Richtigbefund die Ausstellung des **Zertifikats** durch den Vorstand des G. L. erfolgt.

§ 5
Bodenbesichtigungen

1. Zur Aufrechterhaltung der Klasse müssen die Yachten, wenn angängig, jährlich, mindestens aber alle zwei Jahre auf dem Trockenen besichtigt werden.

2. Die Außenbeplankung ist hinsichtlich des Zustandes des Holzes, der Befestigung und Dichtung der Planken zu untersuchen. Der Besichtiger kann das Blankschrapen der Außenbeplankung an ihm verdächtig erscheinenden Stellen verlangen und es zur Bedingung machen, daß Bolzen ausgetrieben, Platten des Beschlages gelöst oder Teile der Beplankung entfernt werden, wenn er dies für die Besichtigung für unerläßlich hält. Der Besichtiger hat dies dem Yachteigner mitzuteilen.

3. Ferner sind das Ruder und, soweit angängig, die inneren Verbände und das Deck der Yacht zu untersuchen, ob keine Begebungen oder gar Brüche der Verbandteile stattgefunden haben.

§ 6
Erneuerung der Klasse
a. Allgemeines

1. Zur Erneuerung der Klasse sind die Yachten der Klasse ✠100/A\ alle 4 Jahre und der Klasse ✠90/A\ alle 3 Jahre nachstehenden regelmäßigen (speziellen) Besichtigungen zu unterwerfen.

2. Eine Aufforderung zur Vornahme der fälligen Besichtigungen erfolgt durch den G. L. nicht. s. § 9.

3. Die Besichtigung wird auf dem Trockenen vorgenommen. Das Schiff ist dabei so hoch zu stapeln, daß Kiel und Bodenplanken genau untersucht werden können.

4. Das Schiff ist in allen seinen Teilen, innen und außen, einer sorgfältigen Besichtigung zu unterziehen.

5. Die Klassenerneuerung wird im Zertifikat unter gleichzeitiger Angabe des Ortes und des Datums, wo und wann die (spezielle) Besichtigung stattgefunden hat als I — II — III eingetragen.

6. Der Beginn einer neuen Besichtigungsperiode von 4 bezw. 3 Jahren rechnet stets von dem Datum, an dem nach den Vorschriften die letzte Besichtigung zur Klassenerneuerung fällig war.

7. Hat die Besichtigung einzelner Schiffsteile innerhalb eines Zeitraumes von 12 Monaten vor der zunächst fällig werdenden Klassenerneuerung stattgefunden und sind die besichtigten Teile in jeder Hinsicht gut befunden oder ordnungsmäßig ausgebessert worden, so kann bei der Klassenerneuerung von einer erneuten Prüfung der bereits vorher besichtigten Teile Abstand genommen werden.

8. Mit besonderer Genehmigung des Vorstandes des G. L. kann bei Besichtigungen I und II eine Bodenbesichtigung, die nicht länger als 6 Monate vor der Klassenerneuerung stattgefunden hat, auf diese in Anrechnung gebracht werden, so daß letztere auf dem Wasser vorgenommen werden kann. Hierbei ist jedoch Bedingung, daß das Schiff inzwischen keine Bodenbeschädigung erlitten hat, und daß die Außenplanken bei der Bodenbesichtigung in gutem Zustande befunden wurden.

§ 6a 9. Ebenso kann auch ausnahmsweise bei einer Klassenerneuerung von einer Besichtigung einzelner verdeckter Teile Abstand genommen werden, wenn kein Zweifel über die gute Beschaffenheit der betreffenden Teile besteht und der Yachteigner sich verpflichtet, sie vor Ablauf von 12 Monaten von einem Besichtiger des G. L. besichtigen zu lassen.

10. Für Segelyachten mit Hilfsmotor ist bei jeder Erneuerung der Klasse eine Besichtigung der Motoranlage erforderlich.

Der G. L. hat das Recht, die Motoranlagen oder Teile derselben auch außerhalb der für die Aufrechterhaltung der Klasse vorgeschriebenen Besichtigungen untersuchen zu lassen; im allgemeinen sollte wenigstens eine Besichtigung zwischen den Klassenerneuerungs-Besichtigungen stattfinden.

Beabsichtigte Aenderungen an der Motoranlage sind dem G. L. anzuzeigen.

b. Klassenerneuerung (spezielle Besichtigung) I

1. Die Außenbeplankung ist wie in § 5 angegeben zu untersuchen.

2. Die Nähte zwischen Holzkiel, Füllstück und Ballastkiel, auch unter demselben die Ballastkielbolzen, ferner Steven und Ruder sind eingehend zu besichtigen.

3. Die inneren Räume müssen soweit angängig entleert und gereinigt sein, um alle Holz- und Eisenteile wie: Innenflächen der Außen- und Deckplanken, Spanten, Bodenwrangen, obere Teile der Ballastkielbolzen, Deckbalken, Kniee, Weger und die Befestigungen untersuchen zu können. Sollte ein Ballastkielbolzen nicht mehr zuverlässig erscheinen, so kann das Herausziehen desselben zur Bedingung gemacht werden; ebenso kann die Entfernung von inneren Bekleidungen verlangt werden, s. Abschnitt 8, 12 der Bauvorschriften. Der Besichtiger hat dies dem Yachteigner vorher mitzuteilen.

4. Das Deck ist zu untersuchen und festzustellen, ob und aus welchen Ursachen Begebungen entstanden sind.

5. Alle Teile, die so abgenutzt sind, daß die Sicherheit der Yacht gefährdet erscheint, müssen entfernt und durch Material von der für eine neue Yacht verlangten Stärke und Güte ersetzt werden.

6. Anker, Ketten und Trossen sind eingehend zu untersuchen, wobei das Gewicht der Anker und die Abmessungen der Ketten und der Trossen festzustellen sind. Die Ketten sind zu diesem Zweck so auszubreiten, daß sie in ihrer ganzen Länge genau untersucht werden können. Es ist auch darauf zu achten, daß die Bolzen gut und sicher in den Schäkeln befestigt sind.

c. Klassenerneuerung (spezielle Besichtigung) II

Es sind alle Untersuchungen, wie bei der Klassenerneuerung (speziellen Besichtigung) I vorgeschrieben, vorzunehmen, mit den nachstehenden Erweiterungen:

1. Die Außenbeplankung ist zwischen Wind und Wasser stellenweise blank zu schrapen. Bei einem Bodenbeschlag sind auf jeder Schiffsseite Teile desselben zu lösen.

2. Im Innern sind feste Teile, wo erforderlich, zu entfernen.

d. Klassenerneuerung (spezielle Besichtigung) III § 6d

Es sind alle Untersuchungen, wie bei den Klassenerneuerungen (speziellen Besichtigungen) I und II vorgeschrieben, vorzunehmen, mit den nachstehenden Erweiterungen:

1. Die Außenbeplankung muß zur Untersuchung mindestens unter Wasser blank geschrapt sein. Bei einem Bodenbeschlag sind Platten auf jeder Schiffseite zu entfernen. Bolzen sind, wo erforderlich, auszutreiben.

2. Die inneren Räume müssen entleert und gereinigt und feste Teile möglichst entfernt sein; der innere Boden muß zur Untersuchung ganz frei gemacht werden.

Weitere Klassenerneuerungen (spezielle Besichtigungen)

1. Nach der Klassenerneuerung (speziellen Besichtigung) III werden die Klassenerneuerungen (speziellen Besichtigungen) wieder in der oben angegebenen Reihenfolge (I, II, III) vorgenommen.

2. Bei der zweiten Klassenerneuerung (speziellen Besichtigung) III und allen darauf folgenden muß dem Vorstand des G. L. über den Ort der bevorstehenden Besichtigung so rechtzeitig Mitteilung gemacht werden, daß er dem zuständigen Besichtiger, wenn es erforderlich ist, vorher besondere Anweisungen über die Nachprüfung der Materialstärken und des Zustandes einzelner Schiffsteile geben kann.

3. Der G. L. behält sich vor, solche Besichtigungen von zwei Besichtigern vornehmen zu lassen.

§ 7
Havarien und Reparaturen

1. Jede Reparatur oder Veränderung am Yachtkörper muß unter Aufsicht eines Besichtigers des Germanischen Lloyd ausgeführt werden.

2. Wenn durch eine Havarie die Klasse in Frage gestellt ist, muß das Schiff bei der nächsten sich bietenden Gelegenheit zur Bestätigung der Klasse einer Besichtigung durch den zuständigen Besichtiger unterzogen werden.

3. Befindet sich bei einer Havarie auf See weder im angelaufenen Hafen noch in der Nähe ein Agent oder Besichtiger des G. L., so ist der Konsul des Deutschen Reiches oder eine öffentliche Behörde zu ersuchen, eine Besichtigung des Schiffes durch Sachverständige zwecks Bescheinigung der Seefähigkeit zu veranlassen. Die Besichtiger haben über den Zustand des Schiffes, sowie über Reparaturen und über die getroffene Entscheidung Bericht zu erstatten. Der Bericht ist in zwei Ausfertigungen herzustellen, von denen die eine an Bord bleibt, die andere an den Vorstand des G. L. eingesandt wird. Die Unterschriften sind durch den Konsul des Deutschen Reiches oder eine öffentliche Behörde zu beglaubigen. Die Seefähigkeit soll in diesem Falle nur für die Reise bis zum nächsten Bestimmungshafen bescheinigt werden, in dem sich ein Agent oder Besichtiger des G. L. befindet. Dieser ist zur erneuten Besichtigung des Schiffes und zur Bestätigung der Seefähigkeit im Zertifikat aufzufordern.

4. Machen sich Schwächen in der Konstruktion der Schiffe bemerkbar, so müssen sie durch entsprechende Verstärkungen beseitigt werden.

§ 7 5. Bei Erneuerung wichtiger Schiffsteile sind vorher Zeichnungen an den Vorstand des G. L. einzureichen.

6. Wird einem Schiffe eine Klasse oder ihre Fortdauer unter der Bedingung bewilligt, daß gewisse Reparaturen, Verstärkungen, Ergänzungen der Ausrüstung oder eine Besichtigung innerhalb einer gewissen Frist ausgeführt werden, so ist dies von dem Besichtiger auf dem Zertifikat zu vermerken und dem Eigentümer des Schiffes oder seinem Stellvertreter anzuzeigen.

§ 8
Herabsetzung und Aufhebung der Klasse

1. Das Schiff behält nur so lange die Klasse, wie es nach den geltenden Klassifikations-Vorschriften dafür geeignet befunden wird.

2. Wenn sich bei einer Besichtigung herausstellt, daß ein Schiff wegen Abnutzung der Verbandteile oder aus irgend einem anderen Grunde die bisherige Klasse nicht länger verdient, so hat der Besichtiger bei dem Vorstande unter Angabe der Gründe eine Herabsetzung oder Aufhebung der Klasse zu beantragen.

3. Werden die Gründe als genügend von dem Vorstande anerkannt, so wird dem Eigentümer der Tatbestand angezeigt und ihm anheimgestellt, die zur Aufrechterhaltung der Klasse erforderlichen Maßnahmen zu treffen. Geschieht dies nicht, so wird die Klasse herabgesetzt oder aufgehoben.

4. Wenn Schiffe den nach den Vorschriften erforderlichen Besichtigungen nicht unterzogen worden sind, oder wenn die Ausführung einer vom G. L. angeordneten Reparatur von dem Eigentümer oder seinem Stellvertreter verweigert wird, so wird dem Schiff die Klasse entzogen.

5. Ist die Klasse entzogen, so ist das Zertifikat an den Vorstand des German'schen Lloyd oder an einen seiner Besichtiger zurückzureichen.

§ 9
Verkehr mit dem Reeder

1. Es ist Sache des Reeders darauf zu achten, daß die vorgeschriebenen Besichtigungen rechtzeitig beantragt und beabsichtigte Reparaturen oder Änderungen vorher angezeigt werden, damit die Ausführung überwacht werden kann. Es empfiehlt sich, den zuständigen Besichtiger möglichst frühzeitig davon zu benachrichtigen, daß Schiff oder Maschine zur Besichtigung bereit sind.

2. Der G. L. hat das Recht, die bei ihm klassifizierten Schiffe auch außerhalb der für die Aufrechterhaltung der Klasse vorgeschriebenen Besichtigungen untersuchen zu lassen.

3. Die Besichtiger haben jede ihnen bekannte Trockenstellung des Schiffes nach Vereinbarung mit dem Eigner zu einer allgemeinen Untersuchung zu benutzen. Solche Besichtigungen können auf die vorgeschriebenen regelmäßigen Besichtigungen angerechnet werden.

Klassifikationsvorschriften für hölzerne Segelyachten

4. Findet eine R e p a r a t u r innerhalb 6 Monaten v o r dem Zeitpunkt einer fälligen §9 Klassenerneuerung statt, so haben die Besichtiger dem Reeder die gleichzeitige Vornahme der Klassenerneuerung anzubieten.

5. Die Ergebnisse der Besichtigungen, sowie etwaige Bedingungen, die an die Fortdauer der Klasse geknüpft werden, sind auf dem Z e r t i f i k a t anzugeben.

§ 10
Gebühren

Die Gebühren für alle vom G. L. geleisteten Dienste sind s o f o r t f ä l l i g , auch wenn eine Klassifikation nicht erfolgt. Gehen die Gebühren und Auslagen nach Fälligkeit nicht vollständig beim G. L. ein, so ist dieser berechtigt, die Klasse nicht zu erteilen oder sie zu streichen.

§ 11
Beschränkung der gesetzlichen Haftpflicht

Der G. L. wird darüber wachen, daß seine Besichtiger und alle übrigen Personen, deren er sich zur Erfüllung seiner Verbindlichkeiten bedient, sorgfältig ausgewählt werden; er übernimmt jedoch keine Haftung für Schäden, die durch Verschulden dieser Personen entstehen.

Bauvorschriften
für
hölzerne Segelyachten

Inhaltsverzeichnis

	Seite
Abgasleitung	29
Absperrvorrichtung	28
Abweichung	28
Änderung	28
Anlaßeinrichtung	28
Anker	33
„ ketten	33
„ prüfung	33
„ spill	33
„ stock	33
Arbeitsausführung	26
Armbolzen in Bodenwrangen	23
„ „ Deckknieen	23
Ausrüstung	33
Außenballast	32
Außenbeplankung	20
„ Befestigung	24

B

	Seite
Bänder	26
Balken-, Deckbalken	19, 23
„ Fußbodenbalken	19
„ kniee	19, 23
Balkweger	20
„ Befestigung	24
Ballast	32
„ kielbolzen	32
Bauhölzer	11

	Seite
Bekleidung	30
Beleuchtung	30
Beplankung	20
„ Befestigung	24
Besichtigung	28
Betriebssicherheit	28
Bilge	31
Bodenwrangen	17, 18
„ Befestigung	23
„ platten	17, 18, 32
„ winkel	17
Breite B.	13
Bugbänder	26

D

	Seite
Dach, Bau unter Dach	26
Deckbänder	26
„ balken	19, 23
„ diagonalschienen	21, 25
„ kniee	19, 23
„ planken	20, 25
Deckschlingen	19
Deckstützen	19
Diagonalschienen	21, 25
Drehsinn	31
Druckluftbehälter	28
Druckproben	29
Dynamomaschine	30

E

	Seite
Eichenholz	11
Eingebogene Spanten	16
Einlassen der Spanten	16
Enge Form der Yachten	17, 32
Erleichterungslöcher in Bodenwrangenplatten	18
„ „ Rahmenspanten	17
Erprobung	28
Eschenholz	11

F

Feuerlöscher	30
Fichtenholz	11
Fingerlinge, Schnallen	15
Fischung	19
Föhrenholz	11
Fülleinrichtungen	30
Fußbodenbalken	19

G

Gase	29
Gegenspanten	16, 17
Gewachsene Spanten	16
Gewichte der Hölzer	11

H

Hängekniee	19, 23
Hauptabmessungen	13
Heckbalken	14
Hintersteven	14, 27
Höhe H, Seitenhöhe	13
Holzarten	11, 26
Horizontale Balkenkniee	19

I

Innenballast	32

K

Kalfaterung	26
Ketten	33
Kiefernholz	11
Kiel	14
„ Lasche	14
Kimmweger	20, 24
„ Befestigung	24
Klüsen	33
Kniee, Balkenkniee	19, 23
Kühleinrichtungen	29

L

	Seite
Länge L L_1 L_2	13
Lärchenholz	11
Lasche des Kiels	14
„ der Spanten	16, 23
„ der Weger	21
„ der Steven	14
Laterne	30
Leitzahlen	13
Lenzpumpe	31
Lötung	28
Lüftung	31
Lukenendbalken	19, 26
Lukenschlingen	19, 23

M

Mahagoniholz	11
Mastbalken	19, 26
„ fischung	19
„ spanten	16
„ spur	14
Metallbeschlag	15, 22, 26
Metalle, verschiedenartige	26
Motoranlage	28
Motorfundament	27

N

Nähte der Außenplanken	26
Nebenbalkweger	25

O

Öffnungen im Deck	19
Öldunst	29
Oregonpine	11
Ostindisches Teakholz	11

P

Peilvorrichtungen	30
Pitchpine	11
Planken, Außenplanken	20
„ Befestigung	24
„ Deckplanken	20, 25
„ stöße	20
Plicht-Endbalken	19
Poller	33
Prüfung von Ankern und Ketten	33
Pumpe	33

Q

Querverband, verstärkter	16, 17, 32

R

	Seite
Rahmenspanten	17
Reinigungssieb	29
Reservefüllung	30
Reserveteile	31
Rohrverbindungen	28
Rückschlagventil	29
Ruder	15

S

	Seite
Sammelbecken	31
Sandkasten	30
Scharfe Form der Yachten	17, 32
Scheiben, Unterlegscheiben	22, 32
Schienen, Diagonalschienen	21, 25
Schlingen	19, 23
Schrauben, Durchmesser	22
Schwertkasten	14, 26
Segelfläche, außergewöhnlich groß	17
Seitenhöhe H	13
Spanten	16, 23
„ Rahmenspanten	17
„ verstärkte	16
Spill	33
Sprachrohr	31
Standrohr	30
Stegketten	33
Steven	14
Stock, Ankerstock	33
Stocklose Anker	33
Stöße der Außenplanken	20, 24
Stützen	19

T

	Seite
Teakholz	11
Totholz	14
Trossen	33
Trichter	30

U

	Seite
Überlappung der Spanten	16, 23
Ulmenholz	11
Umfang, halber $\frac{U}{2}$	12, 13
Umsteuerung	31
Unterbalkweger	21
Unter Dach gebaut	26
Unterlegscheiben	22, 32

V

	Seite
Verbolzung	22
Verschuß der Planken	20
Verstärkte Spanten	16
Verzinken	22, 26
Vorratsbehälter	29
Vorsteven	14

W

	Seite
Wasserläufe	18
Wasserlinienlänge	13
Wasserdruckproben	29
Weger	20
Winkelspanten	16

Y

	Seite
Yachten mit Hilfsmotor	27
Yellowpine	11

Z

	Seite
Zedernholz	11
Zündvorrichtungen	29
Zugstangen	19
Zwischenbodenwrangen	17, 23

Bauvorschriften

für

hölzerne Segelyachten

Abschnitt 1

Allgemeines

1. Die nachfolgenden Bauvorschriften treten am 1. September 1926 in Kraft.
Sie geben das Maß der Stärke an, das der Germanische Lloyd für hölzerne Segelyachten mit der Klasse ✠100/A beansprucht.

2. Die in den Tabellen für Holz angegebenen Abmessungen beziehen sich auf nachgenannte Holzarten:

Ostind. Teakholz	von 900 kg	Mindestgewicht pro cbm			
Eschenholz	„ 710 „	„	„	„	
Eichenholz	„ 700 „	„	„	„	
Fettes Pitchpine	„ 690 „	„	„	„	
Ulmenholz	„ 670 „	„	„	„	
Mahagoniholz	„ 560 „	„	„	„	

Bei Anwendung anderer Holzarten sind die Dicken bezw. Höhen der Verbandteile zu verstärken, z. B.:

Lärche	von 600 kg	Mindestgewicht pro cbm um 5 %				
Oregonpine	„ 580 „	„	„	„	„ 10 %	
Mahagoniholz	„ 480					
	bis 560 „	„	„	„	„ 10 %	
Zedernholz	über 480 „	„	„	„	„ 15 %	
Mahagoni und						
Zedernholz	unter 480 „	„	„	„	„ 25 %	
Kiefer, Föhre, Zypresse	über 500 „	„	„	„	„ 10 %	
Tanne, Fichte	„ 500 „	„	„	„	„ 20 %	
Yellowpine	„ 500 „	„	„	„	„ 20 %	

Für Weger, Deckbalken mit Ausnahme der schweren und für Deckplanken sind diese Verstärkungen nicht erforderlich.

3. Sollen Hölzer von besonderen Eigenschaften verwendet werden, so bedarf es einer Vereinbarung mit dem Vorstande des G. L.

Für im Yachtbau wenig erprobte Holzarten sind die Eigenschaften durch Versuche vor dem Einbau einwandfrei festzustellen.

4. Die in den Bauvorschriften geforderten Materialstärken gelten unter der Voraussetzung, daß alles zum Bau verwandte Holz gesund und möglichst trocken ist.

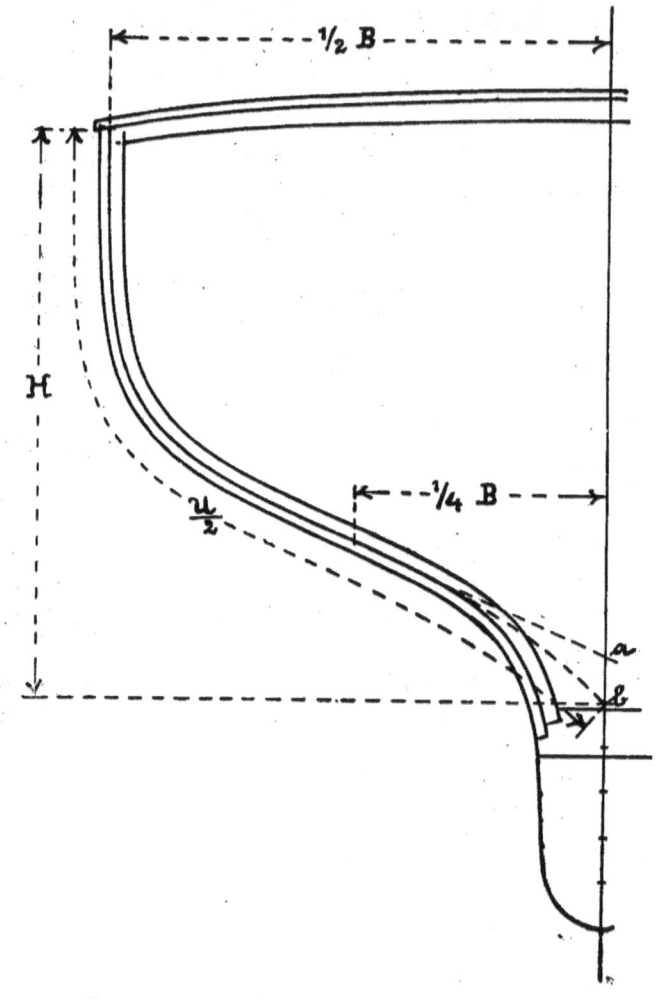

Abschnitt 2

Hauptabmessungen, Leitzahlen

§ 1. Hauptabmessungen

1. Die Länge L der Yacht ist die mittlere Länge aus: den Längen L_1 in der Wasserlinie über Steven und L_2 über Deck von Innenkante Vorsteven bis Oberkante Deck am Heckstück bzw. Spiegel in der Mittschiffsebene gemessen: $L = \frac{L_1 + L_2}{2}$.

2. Die Breite B der Yacht wird gemessen auf Außenkante Spanten an der breitesten Stelle der Yacht.

3. Die Seitenhöhe H wird gemessen in der Mitte der nach Absatz 1 festgesetzten mittleren Schiffslänge L; sie ist der senkrechte Abstand des im § 2 unter 2. bezeichneten Punktes b von der Oberkante des Hauptdeckbalkens an der Seite der Yacht.

§ 2. Leitzahlen

1. Die Abmessungen der einzelnen Teile der Yacht sind in den Tabellen nach Leitzahlen geregelt.

2. Zur Bestimmung der Leitzahlen ist außer den Hauptabmessungen der halbe Umfang $\frac{U}{2}$ des Hauptspants der Yacht festzustellen; dieser wird gemessen von Oberkante Hauptdeckbalken an der Seite auf Außenkante Spant entlang bis zu einem besonders zu bestimmenden Punkt b auf der Mittellinie des Hauptspants. Um diesen Punkt b zu finden, wird an die Kurve des Hauptspants in einem Abstand gleich ¼ B von der Mittellinie eine Tangente gelegt und der Abstand des Schnittpunktes a dieser Tangente mit der Mittellinie von Unterkante Ballastkiel in sechs gleiche Teile geteilt. Der obere Teilpunkt ist der gesuchte Punkt b; auf der durch diesen Punkt in die Spantlinie verlaufenden Kurve wird $\frac{U}{2}$ gemessen.

3. Für die Spanten und Bodenwrangen gilt als Leitzahl $\frac{U + B}{2}$.

4. Für die Längsverbände, Steven und Ruder gilt als Leitzahl $\frac{U + B}{2} \times L$.

5. Die Leitzahl für die Deckbalken ist Db, die größte Breite des Decks auf Außenkante Spanten.

6. Die Leitzahl für die Ausrüstung ist das Produkt aus $L \times B \times H \times 0{,}6 + ½$ Inhalt der Aufbauten.

Abschnitt 3

Kiel, Steven, Heckbalken, Ruder

§ 1. Kiel

§ 1

1. Die Höhe des Kiels soll für die ganze Länge nicht kleiner genommen werden als die Tabelle I angibt; in seiner Breite darf der Kiel nach den Enden zu bis auf die Breite des Vor- bezw. Hinterstevens verjüngt werden. Der in der Tabelle angegebene Querschnitt gilt einschließlich Kielsponung.

2. Für Yachten von $\frac{U + B}{2} \times L = 50$ und darunter ist der hölzerne Kiel möglichst aus einem Stück herzustellen. Laschen sind als Hakenlaschen auszubilden. Die Laschenlänge soll nicht geringer sein als die sechsfache Kielhöhe. Ist die Kielhöhe größer als in der Tabelle angegeben, so ist auch die Laschenlänge entsprechend größer zu nehmen. Die Kiellaschen dürfen nie unter den Masten liegen, sondern müssen wenigstens 2 bis 3 Spantentfernungen davon entfernt bleiben.

3. Bei Yachten mit Mittelschwert soll im Bereich des Schwertkastens der Querschnitt jeder Kielhälfte 60 % des tabellarischen Kielquerschnitts sein.

4. Zur Aufnahme des Mastfußes ist eine kräftige Mastspur anzuordnen.

§ 2. Steven, Heckbalken

1. Das in der Tabelle I, Spalten 6 und 7 angegebene Maß gilt für die Dicke (Breite) der Steven und des Totholzes, gemessen über Außenkante Sponung; zwischen den Sponungen soll die Dicke nicht geringer sein als viermal Plankendicke.

2. Die Höhe des Vorstevens muß in der Wasserlinie mindestens gleich seiner tabellarischen Dicke, bei Seeyachten gleich der tabellarischen Höhe des Holzkiels sein.

Steht der Mast auf dem Vorsteven, so ist dieser, besonders in der Höhe zu verstärken; das Mastspurloch darf den vorgeschriebenen Querschnitt des Stevens nicht schwächen. Es wird empfohlen, unter dem Mast einen, von den Spanten getragenen Maststuhl anzuordnen.

3. Der Hintersteven braucht oben nur bis zur Gillung zu reichen. Die Dicke des Hinterstevens oder Totholzes kann dem Durchmesser des Ruderschaftes entsprechend verjüngt werden. Der Hintersteven ist gut mit dem vorderen Ende des Heckbalkens zu verbinden, dessen Querschnitt an dieser Stelle und neben der Öffnung für den Ruderschaft gleich dem Quadrat der tabellarischen Stevendicke sein soll. Der Querschnitt des Heckbalkens kann nach seinem hinteren Ende zu allmählich bis auf $3/4$ verjüngt werden, wobei seine Höhe über Innenkante Außenplanken mindestens gleich der doppelten Höhe der eingebogenen Spanten sein muß.

4. Stevenlaschen sind als Hakenlaschen auszubilden. Scheidenägel aus weichem Holz § 2 sind in genügender Anzahl in den Laschen im Bereich der Sponung anzuordnen.

5. Hat die Yacht eine Motoranlage, so ist der Hintersteven zu verstärken; neben dem Durchgang der Schraubenwelle soll auf jeder Seite mindestens noch 0,6 der tabellarischen Stevendicke vorhanden sein, s. auch Abschnitt 9.

§ 3. Ruder

1. Der Durchmesser des Ruderstammes ist den Spalten 10 bis 13 der Tabelle I zu entnehmen. Der Ruderstamm soll bis zur Unterkante des Ruders reichen. Er ist bei einem Ausschnitt für eine Schraube um diesen herumzuführen. Im Bereich der Ruderfläche kann der Durchmesser des Ruderstammes nach unten allmählich bis auf 60 % verjüngt werden.

2. Ein Ruderstamm aus Metall muß dieselbe Stärke wie der vorgeschriebene volle eiserne Stamm aufweisen.

3. Für Yachten, welche einen Metallbeschlag erhalten, dürfen Ruderstamm und Beschläge nicht aus Eisen sein. Es ist darauf zu achten, daß bei dem Ruder, seinen Beschlägen und Befestigungen einschließlich des Kokers entweder nur Eisen oder nur Metall verwendet wird.

4. Ist die Ruderfläche ungewöhnlich groß, so müssen Stamm und Fingerlinge entsprechend verstärkt werden.

5. Seeyachten müssen außer dem Ruderzapfen noch Schnallen erhalten, und zwar:

bei $\dfrac{U + B}{2} \times L$ = 25 und unter 55 1

„   „   = 55 „   „ 100 2

„   „   = 100 „ darüber 3

Abschnitt 4

Spanten, Bodenwrangen

§ 1. Spanten

1. Die Abmessungen und Entfernungen der Spanten sind in den Tabellen II, III und IV angegeben für die sich in der Verwendung von „nur eingebogenen Spanten", von „festen (d. s. gewachsene und Winkelspanten) mit eingebogenen" und von „nur festen Spanten', unterscheidenden Bauarten.

2. Wird die Entfernung der Spanten größer genommen als vorgeschrieben, so sind Höhe und Breite der Spanten, ferner Bodenwrangen und Außenplanken, entsprechend zu verstärken.

3. Alle Spanten sollen vom Kiel bis zum Deck reichen. Die hölzernen Spanten, welche keine Bodenwrange erhalten, sind in den Holzkiel, in das Totholz und, soweit angängig, auch in Steven und Heckbalken einzulassen. Die Winkelspanten und die eingebogenen Spanten sollen vom Kiel bis zum Deck aus einem Stück bestehen.

4. Die Verringerung der Höhe der gewachsenen Spanten vom Kiel bis zum Deck soll einen allmählichen Verlauf haben. Die eingebogenen Spanten müssen vom Kiel bis zum Deck die gleiche Höhe und Breite haben.

5. Außerhalb der Länge in der Wasserlinie kann der Querschnitt der Spanten um $1/_{10}$ verringert werden.

§ 2. Verstärkte Spanten

Der Querverband ist zu verstärken und zwar:

1. Bei der Bauart nach Tabelle II sind bei den Masten feste Spanten in der, in den Spalten 14 und 15 vorgesehenen Anzahl an Stelle der eingebogenen anzuordnen; die Abmessungen dieser festen Spanten nebst Bodenwrangen sind der Tabelle III a Spalten 6 bis 9 und III b zu entnehmen; die gewachsenen Spanten können durch zwei aufeinander liegende, durchverbolzte eingebogene vom Gesamtquerschnitt der gewachsenen ersetzt werden. Bei Yachten der Binnenfahrt können statt dieser festen Spanten weitere eingebogene Spanten und Bodenwrangen zwischen den vorgeschriebenen angeordnet werden in der, in den Spalten 16 und 17 der Tabelle II angegebenen Anzahl; bei Seeyachten ist diese Anordnung bei einem $\frac{U+B}{2}$ unter 3 zulässig, wenn die zwischengebauten eingebogenen Spanten einen um die Hälfte größeren Querschnitt wie die tabellarischen erhalten.

2. Bei den Bauarten nach den Tabellen III und IV sind feste Spanten in der in Tabelle III c Spalten 10 und 11 und Tabelle IV b Spalte 2 angegebenen Anzahl zu verstärken und zwar: die gewachsenen Spanten durch Vergrößerung ihres Querschnitts um die Hälfte des tabellarischen, die Winkelspanten durch einen von der Oberkante der Bodenwrangen bis zum Deck reichenden Gegenspantwinkel, dessen kleinerer Schenkel mit der Bodenwrangenplatte und dem Spant zu vernieten ist.

3. Yachten von einem $\frac{U+B}{2}$ gleich 6 und darüber erhalten außer den verstärkten Spanten noch die in den Spalten 4 und 5 der Tabelle IV b angegebenen Rahmenspanten, deren Platten mit den Spanten verbunden und an der Innenkante durch einen von Oberkante der Bodenwrangenplatten bis Deck laufenden Gegenspantwinkel versteift sein müssen. Die Rahmenspanten sind mit den Deckbalken und zwar nach Möglichkeit mit verstärkten Deckbalken mittelst Knieplatten zu verbinden.

In den Rahmenspantenplatten sind runde Erleichterungslöcher zulässig von einem Durchmesser bis zu ¼ der Plattenbreite; zwischen je zwei Erleichterungslöchern soll mindestens ¼ der Plattenbreite stehen bleiben.

4. Soll eine Yacht eine Segelfläche von außergewöhnlicher Größe erhalten, so ist der Querverband und die Verbolzung über die Vorschriften hinaus zu verstärken.

§ 3. Bodenwrangen

1. Die Abmessungen der Bodenwrangen sind in den Tabellen II, IIIb und c und IVa angegeben.
2. Jedes feste, gewachsene bezw. Winkelspant erhält eine Bodenwrange.
3. Bei der Bauart „nur eingebogene Spanten" sind für die Länge in der Wasserlinie L_1 bei Yachten mit einem $\frac{U+B}{2}$ gleich 4.00 m und darüber Bodenwrangen in Spantentfernung anzuordnen; bei einem $\frac{U+B}{2}$ zwischen 3 und unter 4.00 können sie in eineinhalb Spantentfernung sitzen, wenn sie aus Winkelprofilen bestehen, und bei unter 3 in doppelter Spantentfernung. Außerhalb L_1 genügen Bodenwrangen in dreifacher Spantentfernung.
4. Bei der Bauart „feste Spanten in Verbindung mit eingebogenen" sind für die Länge in der Wasserlinie L_1 zwischen den festen Spanten je nach Anzahl der eingebogenen eine oder zwei Bodenwrangen nach Spalten 2 bis 9 der Tabelle III c einzubauen. Soll, wo zwei solcher Zwischenbodenwrangen vorgeschrieben sind, nur eine eingebaut werden, so muß diese den doppelten Querschnitt haben; bei einem $\frac{U+B}{2}$ unter 3 genügt der einfache Querschnitt.
5. Der abstehende Schenkel der Winkelbodenwrangen kann von der Hälfte der Armlänge ab in der Höhe allmählich bis auf Schenkeldicke am Armende verjüngt werden.
6. Jedes Winkelspant muß für $^3/_4$ L_1 mittschiffs eine Bodenwrangenplatte erhalten. An den Enden genügen die Winkelbodenwrangen, welche außerhalb L_1 das Profil der Spanten haben können.
7. Die in den Tabellen angegebene Höhe der Bodenwrangenplatten ist die Höhe über dem Kiel bezw. Oberkante Stevensponung; über Steven und Totholz muß die Höhe der Bodenwrangenplatten noch mindestens gleich der doppelten Spanthöhe sein. Wo die Form der Yacht im Boden sehr scharf ist, sollen die Bodenwrangenplatten so hoch genommen werden, daß sie die beiden Seiten der Yacht gut miteinander verbinden.

Kann ausnahmsweise die Höhe einer Bodenwrangenplatte der Vorschrift nicht ganz entsprechen, so ist durch Verstärkung der Platte und des Winkels an ihrer Oberkante und durch Hochführen desselben am Spant ein Ausgleich zu schaffen.

§ 3   8. Die Bodenwrangenplatten erhalten unten einen Winkel vom Profil der Spantne, oben vom Profil der Gegenspanten, dessen größerer Flansch wagerecht anzuordnen ist. Werden die Bodenwrangenplatten geflanscht, so muß die Breite des Flansches mindestens gleich der des entsprechenden Winkelschenkels sein; werden die Platten unten geflanscht, so sind sie um 1 mm dicker zu nehmen.

9. Für Bodenwrangenplatten von 250 mm Höhe an sind runde Erleichterungslöcher zulässig, deren Durchmesser $\frac{1}{4}$ der Plattenhöhe nicht überschreiten soll; zwischen zwei Erleichterungslöchern soll eine Plattenbreite gleich dem doppelten Durchmesser der Erleichterungslöcher verbleiben.

10. Außerhalb L_1 können die Spanten ohne Bodenwrange von Schandeck zu Schandeck in einem Stück durchlaufend angeordnet werden.

11. Die Arme der Bodenwrangen außerhalb L_1 brauchen nicht länger zu sein als $\frac{1}{3}$ des zugehörigen Spants.

12. Die Arme der Bodenwrangen können auch verschieden lang genommen werden, wenn die mittlere Länge einiger nebeneinander liegenden Bodenwrangen nicht geringer ist als die tabellarische.

Abschnitt 5

Deckbalken, Balkenkniee

§ 1. Deckbalken

1. Die Abmessungen der Deckbalken und ihre Entfernungen sind in der Tabelle Va entsprechend der größten Deckbreite Db auf Außenkante Spanten angegeben.

2. Wird die Entfernung der Deckbalken größer genommen als vorgeschrieben, so sind die Balken und die Deckplanken entsprechend zu verstärken.

3. Schwere eichene durchlaufende Deckbalken nach Spalten 10 bis 12 der Tabelle Va sind anzuordnen: vor und hinter jedem Mast, an den Enden von Decköffnungen, deren Länge größer ist als die doppelte tabellarische Balkenentfernung, ferner bei einem Db über 2,2 m unter dem Bugsprietfuß und dem Leuwagen, wenn dieser nur an einem Deckbalken angreift; bei größeren Yachten sind zudem weitere schwere Deckbalken unter Winden und wo sonst erforderlich einzubauen. Die schweren durchlaufenden Deckbalken sind möglichst an Spanten zu legen und mit diesen durch Kniee zu verbinden.

4. Bei Kajütbooten sind mittschiffs, wo angängig, querüberlaufende Balken anzuordnen. Die Länge der Kajütöffnung soll bei Seeyachten 0,3 der Decklänge möglichst nicht überschreiten. Für die Pflicht gilt die Vorschrift für die Decköffnungen, wenn nicht besondere Ausgleiche dafür geschaffen sind.

5. Die Fußbodenbalken erhalten die Abmessungen der halben Balken nach Spalten 7 bis 9 der Tabelle V a.

6. Die Deckbalken sollen auf dem Balkweger ruhen. Werden sie in demselben eingelassen, so ist seine Höhe um so viel zu vergrößern, daß unter den Deckbalken der tabellarische Querschnitt vorhanden ist. s. Abschnitt 6 § 3, 1.

7. Neben den Decköffnungen sind Schlingen, bei den Masten ist eine kräftige Fischung einzubauen.

§ 2. Balkenkniee

1. Die Armlängen der Hängekniee werden von den Innenflächen des Hauptbalkwegers gemessen; außerhalb der Länge L_1 genügt als Armlänge ⅓ der Spantlänge. Die abstehenden Schenkel der Winkeleisenkniee können von der Hälfte ihrer Länge ab in der Höhe allmählich bis auf Schenkeldicke am Armende verjüngt werden. Knieplatten erhalten die Schenkellänge der Hängekniee und die Dicke der Winkelkniee, s. auch Abschn. 7 § 2 c. Die mit den Deckbalken durch Knieplatten verbundenen Rahmenspanten können als Hängekniee zählen.

2. Horizontale Balkenkniee sind an den Mast- und Lukenendbalken, ferner an den Schlingen neben Decköffnungen einzubauen.

§ 3. Deckstützen, Zugstangen

Zur weiteren Versteifung der Deckbalken sind, wo erforderlich, oben und unten gut befestigte Stützen und Zugstangen vorzusehen.

Abschnitt 6

Beplankung, Weger, Diagonalschienen

§ 1

§ 1. Außenbeplankung

1. Die in der Tabelle VI angegebene Dicke der Beplankung ist die Dicke nach der Bearbeitung. Außerhalb L_1 kann diese Dicke allmählich bis um 10 % verjüngt werden.
2. Die Außenplanken sind in möglichst großen Längen zu nehmen. Die Entfernung der Plankenstöße soll nicht weniger betragen als:

	bei einem $\frac{U+B}{2} \times L$	unter 30	30 und unter 64	64 und darüber
wenn die Gänge nebeneinander liegen		1.00 m	1.20 m	1.50 m
„ 1 Gang dazwischen liegt		0.70 m	0.90 m	1.20 m
„ 2 Gänge „ liegen		0.40 m	0.60 m	0.90 m

Erst bei drei zwischenliegenden Gängen dürfen die Plankenstöße untereinander liegen. An den Enden sind kleine Abweichungen zulässig.

3. Die Stöße der Außenbeplankung sollen mit denen der Weger und des Kiels gut verschließen.

§ 2. Deckbeplankung

Die Dicke der Deckbeplankung ist in Tabelle VI Spalten 2 u. 3 angegeben. Wird das Deck mit Leinwand überzogen, so kann die Dicke der Deckplanken um 2 mm geringer genommen werden; diese Deckplanken unter dem Bezug müssen auch von festem, gesundem Holz sein.

Das Deck, auch das mit Leinwand bezogene, soll eine umlaufende Schandeckelplanke aus hartem Holz (Mahagoni, Eiche, Teak oder dergl.) von der Dicke der Deckplanken und von einer Mindestbreite gleich der fünffachen Dicke der tabellarischen Deckplankendicke erhalten.

§ 3. Balk- und Kimmweger

1. Der vorgeschriebene Querschnitt der Weger darf nicht durch Spanten oder Deckbalken geschwächt werden. Wird für diese der Weger weggeschnitten, so ist seine Höhe und Dicke um so viel zu vergrößern, daß neben den Spanten und unter den Deckbalken der tabellarische Querschnitt vorhanden ist. Reicht der Hauptbalkweger bis zur Schandeckelplanke und ist mit dieser auch zwischen den Deckbalken durch Schrauben verbunden, so genügt für den Weger neben den Spanten und unter den Deckbalken ein um 20 % geringerer Querschnitt als die Tabelle VI vorschreibt. Außerhalb ¾ L_1 kann der Querschnitt der Weger allmählich so verjüngt werden, daß derselbe an den äußersten Schiffsenden ¾ des Mittschiffsquerdurchschnitts beträgt. Balk- und Kimmweger sollen soweit, wie praktisch ausführbar, in die Schiffsenden hineinreichen. Die Balkweger von Yachten mit einem $\frac{U+B}{2} \times L$ unter

35 sind, wenn eben angängig, aus einem Stück herzustellen. Laschen müssen eine Länge §3 gleich der fünffachen Höhe des Wegers haben und als Hakenlaschen ausgebildet sein; sie sollen nicht in der Nähe der Wanten und Backstage liegen.

2. Bei den Wanten ist ein Unter- oder Nebenbalkweger vom halben Querschnitt des Hauptbalkwegers anzuordnen.

3. Der Querschnitt der Weger soll nicht in die Außenbeplankung verlegt werden.

§ 4. Diagonalschienen

Yachten mit einem $\frac{U + B}{2} \times L$ von 50 und darüber erhalten ein Diagonalkreuz auf den Deckbalken bei jedem Mast. Yachten mit einem $\frac{U + B}{2} \times L$ von 100 und darüber erhalten außerdem an jedem Mast auf den Spanten ein Paar Diagonalschienen, welche in der Nähe der Want-Püttings auslaufen sollen.

Abschnitt 7

Verbolzung, Vernietung

§ 1
§ 1. Allgemeines

1. Die in den Tabellen angegebenen Abmessungen der Befestigungen der Verbandteile untereinander gelten für die Durchmesser runder Bolzen; quadratische müssen den gleichen Querschnitt wie die runden haben.

2. Befestigungen von kleinerem Durchmesser als die Tabellen angeben, können bei entsprechend größerer Anzahl genommen werden.

3. Sind die Bolzen ungewöhnlich lang, so ist der in den Tabellen für gewöhnliche Bauweisen vorgeschriebene Durchmesser zu vergrößern.

4. Alle durch Holz gehenden Eisenverbolzungen müssen gut verzinkt sein.

5. Eiserne Verbandteile sollen keine kupfernen Befestigungen erhalten.

6. Zur Verbindung eiserner Verbandteile untereinander sind eiserne Niete von gut nietbarer Beschaffenheit zu verwenden; Proben hierfür können von den Besichtigern vorher verlangt werden.

Für das Vernieten der Platten und Winkel hat das Lochen von den zusammenzufügenden Teilen aus zu erfolgen. Winkel mit starker Krümmung sollen erst nach dem Biegen gelocht werden. Die Nietlöcher der zu verbindenden Teile müssen genau einander gegenüberstehen. Die Nietköpfe sollen hinreichend groß sein und ringsherum fest aufliegen. Der Abstand der Nietmitten von den Kanten der zu vernietenden Teile soll nie geringer als 1,5 Nietdurchmesser sein. Für den Abstand der Nieten voneinander s. die Tabellen III c und IV b.

7. Bei der Verbindung eiserner Verbandteile mit hölzernen werden für die durch die Außenplanken gehenden Befestigungen Gelbmetallniete von gut nietbarer Beschaffenheit empfohlen mit genügend großem Kopf von etwa $1/3$ Nietdurchmesser Höhe und einem Durchmesser von $5/3$ Nietdurchmesser. Die Nietlöcher sind zur besseren Aufnahme des Setzkopfes aufzuräumen. Die Löcher in den Spanten dürfen nur so groß sein, daß die Nieten stramm hindurchgehen, um ein Verschieben der Planken zu verhindern. Der Besichtiger kann die Vornahme von Proben der Gelbmetallniete verlangen.

8. Die hölzernen Spanten sollten mit der Außenbeplankung durch Kupferniete verbunden werden.

9. Der tabellarische Durchmesser der Niete bezieht sich auf die Niete vor der Verwendung.

10. Die Durchbefestigungen der hölzernen Verbandteile sind auf Scheiben zu verklinken und bei Schraubbolzen unter den Muttern Unterlegscheiben anzuordnen. Die Scheiben und Muttern sollen von demselben Material se'n wie die Bolzen.

11. Stumpfbolzen und Spieker müssen denselben Durchmesser haben wie die Durchbolzen.

12. Im Bereich eines Metallbeschlages sollen die durch die Außenplanken und durch die Steven gehenden Befestigungen, ferner die der Takelung und des Ruders nicht aus Eisen sein,

§ 2. Besonderes

a) Spanten

Werden gewachsene Spanten überlappt, so sollen in dieser Überlappung mindestens 4 Durchbolzen sitzen vom Durchmesser der Armbolzen der Bodenwrangen. Jeder Teil der überlappten Spanten erhält die vorgeschriebene Befestigung mit den Außenplanken.

Für die Verbindung von eisernen Spanten und Gegenspanten s. § 1, 6.

b) Bodenwrangen

1. Sämtliche Bodenwrangen sollen im Hals und in den Armen durchgehende Befestigungen erhalten. Für die Anzahl dieser Befestigungen mit dem Kiel ist neben den Angaben der Tabellen auch die Kielbreite zu berücksichtigen; mit Steven, Totholz und Heckbalken sollen die Bodenwrangen mit mindestens einem Durchbolzen befestigt werden.

Jeder Arm der Bodenwrangen muß mindestens vier durch die Außenplanken gehende Durchbolzen von dem tabellarischen Durchmesser erhalten. Es empfiehlt sich, die Arme der Bodenwrangen wie die festen Spanten, und zwar zugleich mit diesen durch die Außenplanken zu befestigen mit mindestens zwei Durchbolzen pro Planke.

2. Die Bodenwrangenplatten sind mit dem Kiel mittels Winkel vom Spantprofil und den für Bodenwrangen vorgeschriebenen Bolzen zu verbinden.

3. Wird bei der Bauart „feste Spanten mit zwei eingebogenen" anstatt zwei nur eine, verstärkte Zwischenbodenwrange angeordnet, so erhält diese die Verbolzung wie die Bodenwrangen an den zugehörigen festen Spanten.

4. Wenn Bodenwrangen neben den festen Spanten sitzen, so müssen sie mit diesen und der Außenbeplankung verbunden werden.

5. Werden durch Bodenwrangen Bolzen von größerem Durchmesser geführt, als die Tabelle angibt, so ist für Schwächung des Bodenwrangenquerschnitts ein Ersatz zu schaffen.

6. Die ohne Bodenwrangen querüberlaufenden Spanten sind mit Steven, Totholz und Heckbalken mittels Durchbolzen, wenn angängig wie die Bodenwrangen zu befestigen.

7. Die Anzahl und Art der Befestigungen kann von der in der Tabelle vorgeschriebenen mit Einverständnis des Vorstandes des Germanischen Lloyd abweichen.

c) Deckbalken, Balkenkniee

1. Jeder Deckbalken ist mit dem Balkweger, die halben auch mit den Schlingen zu verbinden; bei Yachten mit einem $\frac{U + B}{2} \times L$ von 30 bis 100 qm mindestens durch Schrauben, darüber mittels Durchbolzen.

2. Die Hängekniee erhalten im Hals durch Balkweger und Außenplanken gehende Durchbefestigungen.

3. In jedem Arm der Deckbalkenkniee sollen vier umgeklinkte Bolzen sitzen mindestens von Stärke der Bolzen der Außenbeplankung mit den festen Spanten. Es empfiehlt sich, diese Bolzen der Hängekniee so anzuordnen, daß sie zugleich die Befestigung der Spanten mit den Außenplanken bilden.

§ 2   4 Trifft das Hängeknie eines Balkens nicht auf ein Spant, so wird der aufrechte Schenkel des Knies am besten auf einem kräftigen, hölzernen Unterlegstück eingebaut, welches wie die festen Spanten mit den Außenplanken verbunden ist.

5. Mit Winkelspanten sind Winkelkniee und Knieplatten so zu verbinden wie die Winkelspanten mit den Gegenspanten und dementsprechend bei mindestens vier Befestigungen die Armlängen zu machen.

d) Außenplanken

1. Die Durchmesser der Befestigungen der Außenplanken mit den Spanten sind in Tabelle VI Spalten 8 bis 10 angegeben; für die festen Spanten sind diese Durchmesser für See- und Binnenyachten die gleichen.

2. Jede Planke ist mit jedem Spant durch mindestens zwei durchgehende Befestigungen zu verbinden; nur bei sehr schmal werdenden Planken an den äußersten Enden der Yacht ist eine einzige Befestigung zulässig. Die Anzahl dieser Befestigungen ist entsprechend der Breite und Form der Planke zu vergrößern. Mit Holzkiel und Steven sind die Planken möglichst durch Schrauben (besonders beim Mast) zu verbinden; bei einem $\frac{U + B}{2} \times L = 50$ qm und darüber nur durch Schrauben.

3. Die Winkelspanten sind mit den Außenplanken mit Nieten zu verbinden, s. auch § 1, 7, Mutterschraubbolzen sollten nur verwendet werden, wo ein Vernieten nicht möglich ist; sie sind entsprechend der Gewindetiefe dicker zu nehmen als die Niete.

4. Es ist darauf zu achten, daß die Außenplanken nicht unnötig durch Löcher für die Befestigungen geschwächt werden, s. Befestigung der Bodenwrangen und Hängekniee. Das zu nahe Nebeneinanderliegen von Befestigungen ist zu vermeiden.

5. Die Stöße der Außenplanken sind zwischen den Spanten anzuordnen mit einem Stoßstück von gleicher Dicke und Holzart wie die zugehörigen Planken, welches auf dem über und unter dem Stoß liegenden Plankengang noch gut aufliegt; jedes Ende der Außenplanken ist mit dem Stoßstück mit durchgehenden Befestigungen in mindestens doppelter Anzahl der entsprechend der Plankenbreite angeordneten Befestigungen der Außenplanken zu verbinden; der Durchmesser der Befestigungen der Stoßstücke soll nicht kleiner sein als für die eingebogenen Spanten vorgeschrieben ist.

Sollen eiserne Stoßstücke zur Verwendung kommen, so müssen sie gut verzinkt sein und Befestigungen in Zahl und Stärke erhalten, wie für Stoßstücke vorstehend angegeben ist; für Material der Befestigungen s. § 1, 7.

Übereinandergreifende Blattlaschen sind nach Möglichkeit zu vermeiden und sollen nur im Überwasserschiff bei Planken über 20 mm Dicke angeordnet werden.

e) Balk- und Kimmweger

1. In Balk- und Kimmwegern muß auf jedem Spant mindestens ein Durchbolzen vorhanden sein von einem Durchmesser wie in Tabelle VI Spalte 7 angegeben ist.

2. Anstatt die Weger bei Anordnung von festen Spanten mit zwei eingebogenen durch jedes der letzteren und das zugehörige Füllstück zu verbolzen, kann zwischen den eingebogenen Spanten eine Befestigung mittelst eines kräftigen Unterlegstückes erfolgen, das

sich über 2 bis 3 Planken erstreckt und mindestens wie die eingebogenen Spanten mit den § 2
Außenplanken zu verbinden ist.

3. Die Befestigung der Weger an Winkelspanten geschieht durch ein Winkelstück oder durch die Anordnung eines, wie unter 2 angegebenen Unterlegstückes, welches auch mit den Winkelspanten zu verbinden ist.

4. Der Unterbalkweger ist wie der Hauptbalkweger durch jedes Spant mit den Außenplanken zu verbinden. Bei einem $\frac{U + B}{2} \times L$ über 75 sind Haupt- und Unterbalkweger auch untereinander zu verbolzen.

5. Ist ein Nebenbalkweger angeordnet, so ist er mit dem Hauptbalkweger zu verbolzen und mit den Deckbalken zu verschrauben.

f) Deckplanken

1. Jede Deckplanke ist auf den Deckbalken mindestens durch verdeckte Nagelung zu befestigen. Die nebeneinanderliegenden Deckplanken sind zwischen den Balken seitlich untereinander zu verbinden. Die äußerste Deckplanke (Schandeckelplanke) ist mit der obersten Außenplanke, mit den Deckbalken, evtl. auch mit dem Balkweger durch Schrauben zu befestigen. Es empfiehlt sich die Verbindung der Deckplanken mit den schweren Balken durch Schrauben; mit den Mastbalken ist dies für jede dritte Planke bei Seeyachten Vorschrift.

g) Diagonalschienen

Die Diagonalschienen sollen nicht nur mit den Spanten bezw. Deckbalken, sondern auch mit jeder Außen- bezw. Deckplanke durch mindestens eine kräftige Schraube befestigt werden.

Abschnitt 8
Arbeitsausführung

1. Die Yachten müssen unter einem genügend großen, wetterfesten Dach gebaut werden.
2. Alle Verbandteile müssen gut bearbeitet sein und nach der Bearbeitung die vorgeschriebenen Stärken haben.
3. Alles zum Bau verwandte Holz muß frei von schädlichen Fehlern und hinreichend trocken sein. Die im Abschnitt 1 angegebenen Mindestgewichte sollen nicht unterschritten werden; die Gewichte der Hölzer sind vor der Verwendung festzustellen.
4. Für die einzelnen Verbandteile sollen nur solche Holzarten verwandt werden, welche dafür geeignet sind. Kiel, Steven, Stevenkniee, feste hölzerne Spanten und Bodenwrangen, Lukenend- und Mastbalken sind aus Eiche oder einem gleichartigen Holz zu nehmen.
5. Es wird empfohlen, alles Stahlmaterial gut zu verzinken.
6. Statt der in den Tabellen angegebenen Winkelprofilen können andere genommen werden, welche mindestens dieselbe Festigkeit des Verbandes wie bei den vorgeschriebenen Profilen gewährleisten.
7. Wenn es die Form der Yacht verlangt, sind Deck- und Bugbänder einzubauen in Stärke und Verbolzung, wie für Balkenkniee vorgeschrieben ist.
8. Um im Boden der Yachten das Aufeinanderliegen verschiedenartiger Metalle zu vermeiden, können die Befestigungen der eisernen Bodenwrangen und Winkel mit dem Kiel auch bei Vorhandensein eines Metallbeschlages auf den Außenplanken bei genügender Abdichtung aus Eisen sein.
9. Die Yachten sind im Boden mit Wasserläufen zu versehen, damit das sich ansammelnde Wasser zu der Pumpe gelangen kann.
10. Gegen Undichtigkeiten unter dem auf dem Steven stehenden Mast wird empfohlen, auf der Innenfläche der Bodenplanken querüberlaufende eiserne Bänder anzuordnen, welche durch den genügend verstärkten Steven geführt werden können. s. Absch. 3 § 2, 2.
11. Für einen guten Abfluß des Wassers von Deck ist wo erforderlich Sorge zu tragen.
12. Wo sich im Innern einer Yacht eine dichte Bekleidung befindet, ist für hinreichenden Luftwechsel unter derselben zu sorgen. Dieselbe ist so anzuordnen, daß sie zwecks Untersuchung der dahinter liegenden Teile des Yachtkörpers leicht entfernt werden kann.
13. Die Verbolzung ist auf das sorgfältigste auszuführen; die Bolzenköpfe müssen hinreichend groß und die Befestigungen stramm und in passender Entfernung von einander und von den Kanten der zu verbindenden Teile sitzen. Von den Bolzen in den Armen der Bodenwrangen und Deckkniee soll einer möglichst nahe an der Krümmung, aber nie in dieser sitzen.
14. Die Nähte und Stöße der Außen- und Deckbeplankung müssen innen dicht gefugt sein. Die Kalfaterung soll von bestem Material dicht und fest sein. Wenn bei kleineren Yachten die Planken oder die Nähte des Kielfüllstückes nicht kalfatert werden, muß durch gute Arbeitsausführung die Dichtigkeit gewährleistet sein.
15. Bei Yachten mit Mittelschwert sollen die Bodenwrangen an den Seiten des Schwertkastens hochgeführt werden; der Einbau von Bodenwrangenplatten neben dem Schwertkasten wird empfohlen. Für ein gutes Dichthalten des Schwertkastens ist es zweckmäßig, die Endstücke desselben bis Unterkante Kiel herunterzuführen.

Abschnitt 9

Yachten mit Hilfsmotoren

1. Der Hintersteven ist zu verstärken; neben dem Durchgang der Schraubenwelle soll auf jeder Seite mindestens noch 0,6 der tabellarischen Stevendicke vorhanden sein.
2. Bei einem Ausschnitt des Ruders für die Schraube ist der Ruderstamm um diesen herum bis nach unten zu führen.
3. Der Motor muß auf einem Fundament, am besten aus Längsträgern, sitzen, welches von den, wenn erforderlich, verstärkten Bodenwrangen und Spanten getragen wird und nicht auf den Außenplanken ruht.
4. Alle Holzteile des Motorraumes und die im Bereich des Auspuffs sind gegen Erhitzen hinreichend zu schützen. Die Bordwände, Schotte und Decken geschlossener Motor- und Vorratsräume sind vollständig feuersicher zu bekleiden, wenn es sich um Betriebsstoff handelt, dessen Entflammungspunkt unter 21° C liegt. Der Motorraum und der Raum, in welchem sich der Brennstoffbehälter befindet, müssen genügend ventiliert sein. s. Abschnitt 10.

Abschnitt 10

Motoranlage

§ 1. Allgemeines

§ 1

1. Zwecks Klassifizierung einer Segelyacht, die mit einer Verbrennungsmotoranlage ausgerüstet ist, sind dem G. L. außer den Schiffsplänen e i n z u r e i c h e n:
eine kurze Beschreibung der Anlage, aus der die Wirkungsweise des Motors, seine Größenverhältnisse, die Umsteuerungseinrichtungen, Anlaßeinrichtung, ferner Zahl, Art und Antrieb der benötigten Hilfsmaschinen hervorgehen.

2. Die Aufsicht während des Baues erstreckt sich auf die Ausführung der Anlage nach den nachfolgenden Vorschriften, auf sachgemäße Arbeit, auf zuverlässige Aufstellung im Schiff, auf die erforderlichen Prüfungen und eine Erprobung der Motoranlage in Fahrt auf Betriebssicherheit.

3. Bei jeder Erneuerung der Klasse ist eine Besichtigung der Motoranlage erforderlich. Der G. L. hat das Recht, die Anlagen oder Teile derselben auch außerhalb der für die Aufrechterhaltung der Klasse vorgeschriebenen Besichtigungen untersuchen zu lassen. Im allgemeinen sollte wenigstens e i n e Besichtigung zwischen den Klassenerneuerungs-Besichtigungen stattfinden.

Beabsichtigte Aenderungen an der Anlage sind dem G. L. anzuzeigen.

4. Der G. L. behält sich vor, nach eigenem Ermessen A b w e i c h u n g e n von diesen Vorschriften zu gestatten.

§ 2. Anlaßeinrichtungen

1. Für das Anlassen der Motoren sind Einrichtungen zu treffen, die genügend z u v e r l ä s s i g arbeiten und die Bedienungsmannschaft nicht gefährden.

2. Werden Motoren mit Druckluft in Gang gesetzt und umgesteuert, so müssen die zur Aufspeicherung derselben vorhandenen D r u c k l u f t b e h ä l t e r den Bestimmungen in § 11 Abschnitt VIII der Vorschriften für maschinelle Anlagen entsprechen.

§ 3. Zuführung des Betriebsstoffes

1. Die Speiseleitung vom Betriebsstoffbehälter zum Motor muß gegen mechanische Beschädigung nach Möglichkeit gesichert und am Behälter mit einer A b s p e r r v o r r i c h t u n g versehen sein. Diese Absperrvorrichtung muß auch vom Deck oder von einem Nebenraum aus betätigt werden können.

2. Die V e r b i n d u n g s r o h r e sind, soweit es ihre Verlegung erlaubt, in möglichst großen Längen herzustellen. Lötungen dürfen nur mit Hartlot geschehen. Die Rohrverbindungen müssen zuverlässiges Dichthalten gewährleisten.

An eisernen Verbandteilen, z. B. Spantwinkeln, sind die Rohre nicht unmittelbar, sondern auf hölzerner Unterlage zu befestigen.

§ 4. Zündvorrichtungen

Werden elektrische Zündapparate in geschlossenen Motorräumen und bei einem Betriebsstoff mit einem Entflammungspunkt unter 21° C benutzt, so müssen die zur Funkenbildung neigenden Teile gegen den Zutritt von brennbaren Gasen g u t a b g e d i c h t e t sein.

§ 5. Kühleinrichtungen

1. Für die Kühlung der Motoren genügt eine Kühlpumpe für jeden Motor.
2. Beim Kühlwassereintritt am Schiffsboden ist eine Absperrvorrichtung und beim Kühlwasseraustritt, sofern er unter der Wasserlinie liegt, ein Rückschlagventil vorzusehen. In der Saugeleitung ist ein Reinigungssieb anzubringen.

§ 6. Abgaseleitungen

1. Das Auspuffrohr ist so anzulegen und zu kühlen bezw. zu isolieren, daß es keine Feuersgefahr bietet. Flanschverbindungen sind so auszubilden, daß ein Herausblasen der Packungen ausgeschlossen erscheint und gutes Dichthalten gewährleistet ist.
2. Die Abgasleitung soll nicht zu nahe an den Behältern für den Betriebsstoff vorbeigeführt werden. Ist das nicht zu vermeiden, so ist darauf zu achten, daß die Behälterwände gegen s c h ä d l i c h e E r w ä r m u n g geschützt werden.
3. Oeldünste, die aus der Kurbelwanne entweichen, sollen ins Freie geleitet werden, so daß das Bedienungspersonal nicht belästigt wird.
4. Mündet der Auspuff unter oder in der Nähe des Wasserspiegels, so sind Vorkehrungen zu treffen, die verhindern, daß W a s s e r in den Motor gelangt.

§ 7. Druckproben

1. Es müssen einer W a s s e r d r u c k p r o b e unterworfen werden:

a) Etwa vorhandene Druckluftbehälter mit einem Probedruck von $1.5 \times p$ bei einem Betriebsdruck p. von $\geq$ 10 kg/qcm und mit einem Probedruck von p+5 atm. bei einem Betriebsdruck p. $\leq$ 10 kg/qcm.

b) Freistehende Vorratsbehälter, aus denen der Betriebsstoff mittels Ueberdruckes zur Maschine geleitet wird, mit dem doppelten Betriebsdruck, mindestens jedoch mit 0.3 kg/qcm, andere Behälter mit 0.3 kg/qcm über dem höchsten Punkt.

2. Die Druckproben der Druckluftbehälter sind alle 4 Jahre gelegentlich der Erneuerung der Klasse zu w i e d e r h o l e n.

§ 8. Aufbewahrung des Betriebsstoffes

1. Freistehende Vorratsbehälter sollen m ö g l i c h s t a u ß e r h a l b d e s M o t o r r a u m e s angeordnet oder, wenn darin befindlich, so aufgestellt und eingerichtet sein, daß sie nicht vom Motor und seinen Rohrleitungen oder sonstwie erwärmt werden und ein Entweichen des Betriebsstoffes oder feuergefährlicher Gase in den Raum ausgeschlossen ist. Die

§ 8 Behälter von solchen Betriebsstoffen, deren Entflammungspunkt unter 21° C liegt, müssen außerhalb des Maschinenraumes untergebracht oder unter Innehaltung eines isolierenden Luftzwischenraumes vom Motorraum gasdicht abgeschottet sein.

Die Vorratsbehälter müssen nach allen Seiten hin so abgesteift sein, daß sie ihre Lage nicht ändern können. Sie dürfen mit keinem ihrer Teile zur Versteifung des Schiffskörpers herangezogen werden und müssen lösbar befestigt sein. Die Behälter sind, wenn erforderlich, ihrer Größe und der Höhe des Betriebsdruckes entsprechend mit inneren Versteifungen und Schlagplatten zu versehen.

2. Das Füllen der Behälter darf nur von Deck aus oder von außenbords durch besondere Füllrohre stattfinden, während je ein zweites Rohr die Luft und Gase in die freie Luft entweichen läßt. Starre Verbindungsrohre zwischen Deck und Tank sind jedoch zu vermeiden. Die Enden sind so einzurichten, daß keine Gefahr durch entweichende Gase entstehen, noch Wasser in die Rohre treten kann. Geschieht das Füllen mittels Trichters, so darf das besondere Luftrohr fehlen, doch muß der Trichter auf dem Behälter aufgeschraubt werden können. Trichter und Gewinde müssen zur Vermeidung von Beschädigungen beim Füllen widerstandsfähig ausgeführt werden.

Erhalten die Behälter gläserne Standrohre, so sind diese absperrbar einzurichten und mit Schutzvorrichtungen zu versehen. Die Absperrvorrichtungen müssen auch von Deck oder einem Nebenraum aus betätigt werden können. Peilvorrichtungen sind vorzusehen in der Weise, daß beim Peilen keine Gase in den Schiffsraum treten können.

§ 9. Feuerschutzeinrichtungen

1. Die Bordwände, Schotte und Decken geschlossener Motor- und Vorratsräume sind vollständig feuersicher zu bekleiden, wenn es sich um Betriebsstoffe handelt, deren Entflammungspunkt unter 21° C liegt.

2. Die B e l e u c h t u n g des Motorraumes bezw. des Raumes, in dem sich der Vorratsbehälter befindet, darf bei Verwendung von Betriebsstoffen, deren Entflammungspunkt unter 21° C liegt, nur mittels Sicherheitslampen erfolgen, in anderen Fällen genügen geschlossene, zuverlässig aufgehängte Laternen.

3. D y n a m o m a s c h i n e n, sofern sie nicht vollständig gekapselt oder explosionssicher ausgeführt sind, dürfen im Motorraum oder in dem Raume, in dem sich der Vorratsbehälter befindet, nicht aufgestellt werden, wenn der Entflammungspunkt des Betriebsstoffes unter 21° C liegt. Etwaige Rohranschlüsse zur Lüftung müssen bei Aufstellung der Maschinen in Motor- oder Vorratsräumen so ausgeführt und verlegt werden, daß der Zutritt von Gasen ausgeschlossen ist.

4. Zum L ö s c h e n von F e u e r müssen auf Segel-Yachten mit Vergasermotoren 2 chemische Feuerlöschapparate bewährten Systems vorhanden sein. In offenen Booten und bei Rohölmotoren genügt ein Feuerlöschapparat. Die Apparate sind gut sichtbar und leicht erreichbar in der Nähe des Zutritts zum Motorraum unterzubringen. Für jede Art Apparat muß eine Reservefüllung an Bord sein.

Bei Verwendung eines Betriebsstoffes, dessen Entflammungspunkt unter 30° C liegt, ist außerdem ein Vorrat von 0.03 cbm Sand mitzuführen.

§ 10. Allgemeine Einrichtungen

1. Der Motorraum und Räume, in denen Vorratsbehälter sich befinden, müssen genügend g e l ü f t e t werden können.

2. See-Yachten sollten eine vom Motor angetriebene Lenzpumpe erhalten, die aus allen Räumen saugen kann.

3. Steht der Motor in einem verdeckten Raume und sind keine Einrichtungen vorhanden, durch die der Vorwärts- und Rückwärtsgang des Schiffes vom Steuerstande selbst aus geregelt werden kann, so ist der Steuerstand mit dem Motorraum durch ein Sprachrohr zu verbinden.

4. Wird bei der Umsteuerung von Deck aus ein Handhebel benutzt, so ist sie so einzurichten, daß das Umlegen des Hebels in der gewünschten Fahrtrichtung erfolgt. Bei Verwendung von Handrädern ist der Drehsinn so zu wählen, daß Rechtsdrehen dem Vorwärtsgang und Linksdrehen dem Rückwärtsgang des Schiffes entspricht.

5. Der F u ß b o d e n geschlossener Motor- und Tankräume ist aus geriffeltem Eisenblech und möglichst undurchlässig herzustellen. Die Bilgen müssen zugänglich sein, damit sie jederzeit gründlich entleert und gereinigt werden können.

6. Unterhalb des Motors bezw. der Tanks sind öldichte Sammelbecken aus Metall vorzusehen, aus denen die sich ansammelnden Flüssigkeiten entfernt werden können. Hiervon kann unter Umständen Abstand genommen werden, wenn durch die Konstruktion des Motorgehäuses und der Tanks sicher gestellt ist, daß weder Brennstoff noch Schmieröl austritt.

7. Die Art und Zahl der erforderlichen R e s e r v e t e i l e sollte für See-Yachten in dem Umfange, wie er durch die Maschinen-Bauvorschrift § 15 Abschnitt VIII wie für Schiffe mit dem Fahrtzeichen „𝕜" festgesetzt ist, bemessen werden.

Abschnitt 11

Ballast

§ 1. Außenballast

§ 1

1. In der Tabelle VII sind die Durchmesser der Bolzen zur Befestigung des Ballastkieles entsprechend seiner Form und Größe und der Entfernung der Bolzen angegeben.

2. Werden zur Befestigung des Ballastkiels noch seitlich Schrägbolzen angeordnet, so kann der Durchmesser der Ballastkielbolzen verringert werden, darf aber keinesfalls kleiner sein als in Spalte 2 angegeben ist.

3. Der Durchmesser der Ballastkielbolzen muß mindestens 3 mm größer sein als der für die Bolzen des Kiels und der Steven vorgeschriebene Durchmesser.

4. Bolzen, welche unter einem größeren Neigungswinkel gegen die Lotrechte als 30° angeordnet werden, kommen für das Maß des Abstandes der Bolzen in der Längsrichtung nicht in Betracht.

5. Die Ballastkielbolzen sollen aus bestem Material, gut bearbeitet und mit hinreichend großem Kopf versehen sein; sie müssen möglichst stramm im Kiel sitzen. Eiserne verzinkte Bolzen sind vorzuziehen. Für Metallbolzen ist geglühtes Material zu verwenden, wofür der Beweis zu erbringen ist.

6. Die Nähte zwischen Holzkiel, Füllstück und Ballastkiel sollen dicht, die Bolzen bei Seeyachten auch gegen den Zutritt des Wassers von unten möglichst gesichert sein.

7. Unter den Bolzenmuttern ist eine kräftige Unterlegplatte anzuordnen, zweckmäßig derart, daß der Zug der Ballastkielbolzen auf die Spanten bezw. Bodenwrangen mit übertragen wird.

8. Werden die Ballastkielbolzen durch den Hals der Bodenwrangen geführt, so ist Sorge zu tragen, daß der neben dem Bolzenloch verbleibende Bodenwrangenquerschnitt nicht geringer ist, als die Tabelle dafür angibt.

9. Bolzen, Muttern und Unterlegscheiben müssen von gleichem Material sein.

§ 2. Innenballast

Der Innenballast soll unverrückbar fest verstaut sein; sein Gewicht darf nicht auf der Außenbeplankung lasten, sondern muß nach Möglichkeit von den Bodenwrangen und Spanten aufgenommen werden.

§ 3. Besondere Verstärkung

1. Wo die Form einer Yacht im Bereich des Ballastes besonders scharf ist, sind zur besseren Verbindung der beiden Seiten der Yacht hinreichend hohe Bodenwrangenplatten einzubauen.

2. Wenn Ballast von außergewöhnlichem Gewicht angeordnet wird, ist der Querverband und die Verbolzung der Yacht über die Vorschriften hinaus zu verstärken.

Abschnitt 12

Ausrüstung

§ 1. Anker, Ketten und Trossen für Segelyachten

1. Segelyachten für die Binnenfahrt müssen Anker, Ketten und Trossen nach Tabelle VIII, Segelyachten für die Seefahrt nach Tabelle IX erhalten.

2. Für die Bestimmung der Anker, Ketten und Trossen ist der Inhalt des Schiffskörpers in Kubikmetern maßgebend, welcher nach Maßgabe der Überschrift in Spalte 1 der Tabellen aus den Hauptabmessungen **L, B** und **H** und den Aufbauten einschließlich der Deckhäuser als Ausrüstungsleitzahl ermittelt wird.

3. Für Yachten mit einer Ausrüstungsleitzahl von 400 cbm und darüber gelten die in den Tabellen angegebenen Durchmesser der Ketten für Stegketten; werden auf diesen Yachten Ketten ohne Steg verwendet, so muß der Durchmesser um so viel vergrößert werden, daß die für Stegketten vorgeschriebene Bruchfestigkeit erreicht wird.

4. Segelyachten mit einer Ausrüstungsleitzahl von 100 cbm und darüber, müssen mit Ankern und Ketten versehen werden, die auf anerkannten Maschinen in Gegenwart eines Besichtigers des G. L. geprüft sind.

5. Das Gewicht des Ankerstockes soll $1/5$ des Gesamt-Ankergewichtes mit Stock sein.

6. Stocklose Anker sollen das tabellarische Ankergewicht mit Stock haben.

§ 2. Spille, Poller, Klüsen

1. Jede Yacht mit einer Ausrüstungsleitzahl von 80 cbm und darüber muß mit einem Ankerspill von genügender Größe und Stärke versehen sein.

2. Bugklüsen, Seitenklüsen, Poller und Klampen sind in genügender Anzahl und Größe anzubringen.

§ 3. Pumpen

Leistungsfähige Pumpen mit bleiernem Standrohr und Sauger sind in allen Yachten vorzusehen; in Yachten der Binnenfahrt mit einer Ausrüstungszahl unter 20 cbm genügt eine bewegliche Pumpe mit Gummischlauch.

§ 4. Boote

Seeyachten sollten ein zuverlässiges, für die Besatzung der Yacht ausreichendes und ausgerüstetes Boot mitführen.

Tabelle I Kiel, Steven, Ruder

$\frac{U+B}{2} \times L$			Kiel mittschiffs				Steven- und Totholz		Bolzen zwischen Kiel, Steven, Totholz, Heckbalken		Ruderstammdurchmesser			
			Höhe		Querschnitt		Dicke				Holz		Eisen	
			Binnen-fahrt	See-fahrt	Binnen-fahrt	See-fahrt	Binnen-fahrt	See-fahrt	Binnen-fahrt	See-fahrt	Binnen-fahrt	See-fahrt	Binnen-fahrt	See-fahrt
qm			mm	mm	qcm	qcm	mm	mm	mm	mm	mm	mm	mm	mm
10	und unter	12	57	76	80	90	70	76	8	9	70	76	29	30
12	„	„	14	60	79	85	100	72	78	8	9	72	78	29	30
14	„	„	16	63	82	90	110	74	80	9	10	74	80	29	31
16	„	„	18	66	85	95	120	76	82	9	10	76	82	30	31
18	„	„	20	69	88	100	130	78	84	10	11	78	84	30	32
20	„	„	22	72	91	110	140	80	86	10	11	80	86	31	32
22	„	„	24	75	94	120	155	82	88	10	11	82	88	31	33
24	„	„	26	78	97	130	170	84	90	11	12	84	90	32	33
26	„	„	28	81	100	140	185	86	92	11	12	86	92	32	34
28	„	„	30	84	103	150	200	88	94	11	12	88	94	33	34
30	„	„	32	87	106	165	215	90	96	12	13	90	96	33	34
32	„	„	34	90	109	180	230	92	98	12	13	92	98	34	35
34	„	„	36	93	112	195	245	94	100	12	13	94	100	34	35
36	„	„	38	96	115	210	260	96	102	13	14	96	102	34	35
38	„	„	40	100	118	225	275	98	104	13	14	98	104	35	36
40	„	„	42	104	121	240	290	100	106	13	14	100	106	35	36
42	„	„	44	108	124	255	305	102	108	13	14	102	108	35	36
44	„	„	46	112	127	270	320	104	110	14	15	104	110	36	37
46	„	„	48	116	130	285	335	106	112	14	15	106	112	36	37
48	„	„	50	120	133	300	350	108	114	14	15	108	114	36	37
50	„	„	52		136		365		116		15		116		38
52	„	„	54		139		380		118		16		118		38
54	„	„	56		142		395		120		16		120		39
56	„	„	58		145		410		122		16		122		39
58	„	„	60		148		425		124		16		124		40
60	„	„	62		151		440		126		17		126		40
62	„	„	64		154		460		128		17		128		41
64	„	„	67		157		480		130		17		130		41
67	„	„	70		160		500		132		17		132		42
70	„	„	75		165		520		135		18		135		42
75	„	„	80		170		550		140		18		140		43
80	„	„	85		175		580		145		18		145		44
85	„	„	90		180		610		150		18		150		46
90	„	„	95		185		640		155		19		155		48
95	„	„	100		190		680		160		19		160		50
100	„	„	110		195		720		165		19		165		52
110	„	„	120		200		760		170		19		170		54
120	„	„	130		205		800		175		20		175		56
130	„	„	140		210		840		180		20		180		58
140	„	„	150		215		880		185		20		185		60
150	„	„	160		220		920		190		20		190		62
160	„	„	170		225		960		195		21		195		64
170	„	„	180		230		1000		200		21		200		66
180	„	„	190		235		1050		205		21		205		68
190	„	„	200		240		1100		210		21		210		70
1			2	3	4	5	6	7	8	9	10	11	12	13

Tabelle II

Nur eingebogene Spanten

$\frac{U+B}{2}$	Spanten				Bodenwrangen								Verstärkung beim Mast[3]			
	Entfernung von Mitte zu Mitte		Breite	Höhe	schmiedeeiserne am		Winkel[1]	Armlänge für L_1	Bolzen im				gewachsene oder Winkelspanten[4]		zwischengebaute	
									Hals		Arm					
	Binnenfahrt	Seefahrt			Hals	Armende			Anzahl[2]	Durchmesser	Anzahl	Durchmesser	Binnenfahrt	Seefahrt	eingebog. Spant	Bodenwrang.
															Binnenfahrt	
m	mm	mm	mm	mm	mm	mm	mm	mm		mm		mm				
2.00 und unter 2.25	190	130	25	17	25× 8	20×6	25×25×3	300	1	8	4	5	1	2	2	1
2.25 „ 2.50	195	140	28	19	25× 8	20×6	25×25×3	320	1	8	4	5	1	2	2	1
2.50 „ 2.75	200	150	31	21	25× 9	20×6	30×30×3	340	1	8	4	5	1	2	2	1
2.75 „ 3.00	210	160	34	23	25×10	20×6	30×30×3	360	1	8	4	5	2	3	3	2
3.00 „ 3.25	220	170	37	25	30×10	20×7	45×30×3	380	1	8	4	6	2	3	3	2
3.25 „ 3.50	230	175	40	27	30×10	20×7	45×30×3	400	1	8	4	6	2	3	3	2
3.50 „ 3.75	245	180	43	29	30×12	25×7	50×40×3	430	2	8	4	6	2	3	3	2
3.75 „ 4.00	260		46	31	30×12	25×7	50×40×3	460	2	8	4	6	3		4	3
4.00 „ 4.25	275		49	33	32×14	25×8	50×40×4	490	2	10	4	7	3		4	3
4.25 „ 4.50	290		52	35	32×14	25×8	50×40×4	520	2	10	4	7	3		4	3
1	2	3	4	5	6	7	8	9	10	11	12	13	14	15	16	17

[1] Der große Schenkel aufrecht.
[2] Bei großer Breite des Kiels ist die Anzahl entsprechend zu vermehren.
[3] s. Abschnitt 4, § 2.
[4] Die Abmessungen der gewachsenen und Winkelspanten nebst Bodenwrangen sind den Tabellen IIIa und b zu entnehmen.

Für die Befestigung der Bodenwrangenarme s. auch Abschnitt 7, § 2 b, 1, zweiter Absatz.

Die Anordnung von Winkelbodenwrangen an Stelle von schmiedeeisernen wird empfohlen.

An Stelle der in der Tabelle angegebenen Winkelprofile können andere von gleicher Festigkeit genommen werden.

Tabelle III a

Feste Spanten (gewachsene oder Winkelspanten) in Verbindung mit eingebogenen Spanten

$\frac{U+B}{2}$			Entfernung der festen von Mitte zu Mitte				gewachsene			eingebogene	
			Binnenfahrt		Seefahrt		Breite	Höhe am	Winkel	Breite	Höhe
			eingebogene Spanten		eingebogene Spanten						
			1	2	1	2		Fuß	Schandeck		
m			mm	mm	mm	mm	mm	mm	mm	mm	mm
2.00	und unter	2.25	490	590	390	490	25	30	25	25×25×3	25	17
2.25	„ „	2.50	500	600	400	500	30	36	30	25×25×3	28	19
2.50	„ „	2.75	510	610	410	510	35	42	35	30×30×3	31	21
2.75	„ „	3.00	520	620	420	520	40	48	40	30×30×4	34	23
3.00	„ „	3.25	530	630	430	530	45	54	45	35×35×4	37	25
3.25	„ „	3.50	540	640	440	540				40×40×3.5	40	27
3.50	„ „	3.75	550	650	450	550				40×40×4	43	29
3.75	„ „	4.00	565	665	465	565				40×40×4.5	46	31
4.00	„ „	4.25	580	680	480	580				40×40×5	49	33
4.25	„ „	4.50	600	700	500	600				45×45×4.5	52	35
4.50	„ „	4.75			520	620				45×45×5	55	37
4.75	„ „	5.00			540	640				50×50×4.5	58	39
1			2	3	4	5	6	7	8	9	10	11

An Stelle der in der Tabelle angegebenen Winkelprofile können andere von gleicher Festigkeit genommen werden.

Tabelle III b

Feste Spanten (gewachsene oder Winkelspanten) in Verbindung mit eingebogenen

$\frac{U+B}{2}$	Bodenwrangen für feste Spanten									
	hölzerne	schmiedeeiserne am		Winkel[1]	Arm-länge für L_1	Boden-wrangen-platten	Bolzen im			
							Hals		Arm	
	Höhe × Breite	Hals	Arm-ende				An-zahl[2]	Durch-messer	Anzahl	Durch-messer
m	mm	mm	mm	mm	mm	mm	mm	mm	mm	mm
2.00 und unter 2.25	60×25	25× 9	25×6	30×30×3	400	120×3	2	8	4	6
2.25 „ „ 2.50	65×30	30×10	30×6	45×30×3	430	150×3	2	9	4	7
2.50 „ „ 2.75	70×35	35×11	35×6	45×35×4	460	180×3	2	9	4	7
2.75 „ „ 3.00	80×40	40×12	35×7	55×45×4	490	210×3	2	10	4	8
3.00 „ „ 3.25	90×45	45×13	40×7	60×40×4	520	230×3.5	2	10	4	8
3.25 „ „ 3.50				60×40×5	550	250×3.5	2	11	4	9
3.50 „ „ 3.75				60×40×6	580	260×3.5	3	11	4	9
3.75 „ „ 4.00				65×45×6	610	270×4	3	12	4	10
4.00 „ „ 4.25				65×50×6	640	280×4	3	12	4	10
4.25 „ „ 4.50				65×50×7	670	290×4	3	14	4	11
4.50 „ „ 4.75				75×50×7	700	300×4.5	3	15	5	11
4.75 „ „ 5.00				85×65×6	740	310×4.5	3	16	5	12
1	2	3	4	5	6	7	8	9	10	11

[1]) Der große Schenkel aufrecht.
[2]) Bei großer Breite des Kiels ist die Anzahl entsprechend zu vermehren.
  Für die Befestigung der Bodenwrangenarme s. auch Abschnitt 7, § 2 b, 1, zweiter Absatz.
  Die Anordnung von Winkelbodenwrangen an Stelle von schmiedeeisernen wird empfohlen.
  An Stelle der in der Tabelle angegebenen Winkelprofile können andere von gleicher Festigkeit genommen werden.

Tabelle III c

Feste Spanten (gewachsene oder Winkelspanten) in Verbindung mit eingebogenen

$\frac{U+B}{2}$	Bodenwrangen zwischen den festen Spanten s. Abschnitt 4, § 3, 4								Verstärkte Spanten[3]				Niete in Bodenwrangenplatte Spanten und Gegenspante	
	schmiedeeiserne am		Winkel[1]	Arm-länge	Bolzen im				Anzahl		Gegen-spanten[4]		Ab-stand	Durch-messer
	Hals	Armende			Hals		Arm		Binnen-fahrt	See-fahrt				
					An-zahl[2]	Durch-messer	Anzahl	Durch-messer						
m	mm	mm	mm	mm		mm		mm			mm		mm	mm
2.00 und unter 2.25	25× 8	20×6	25×25×3	300	1	8	4	5	1	2	25×25×3		50	6
2.25 „ „ 2.50	25× 8	20×6	25×25×3	320	1	8	4	5	1	2	25×25×3		50	6
2.50 „ „ 2.75	25× 9	20×6	30×30×3	340	1	8	4	5	1	2	30×30×3		65	8
2.75 „ „ 3.00	25×10	20×6	30×30×3	360	1	8	4	5	2	3	30×30×3		65	8
3.00 „ „ 3.25	30×10	20×7	45×30×3	380	1	8	4	6	2	3	35×35×3		65	8
3.25 „ „ 3.50	30×10	20×7	45×30×3	400	1	8	4	6	2	3	35×35×3		65	8
3.50 „ „ 3.75	30×12	25×7	50×40×3	430	2	8	4	6	2	3	45×35×3		65	8
3.75 „ „ 4.00	30×12	25×7	50×40×3	460	2	8	4	6	3	4	45×35×3		65	8
4.00 „ „ 4.25	32×14	25×8	50×40×4	490	2	10	4	7	3	4	45×35×4		80	10
4.25 „ „ 4.50	32×14	25×8	50×40×4	520	2	10	4	7	3	5	45×35×4		80	10
4.50 „ „ 4.75			50×40×5	550	2	10	5	8		6	45×35×5		80	10
4.75 „ „ 5.00			50×40×5	580	2	10	5	8		8	45×35×5		80	10
1	2	3	4	5	6	7	8	9	10	11	12		13	14

[1]) Der große Schenkel aufrecht.
[2]) Bei großer Breite des Kiels ist die Anzahl entsprechend zu vermehren.
[3]) Ueber die Verstärkung der gewachsenen Spanten s. Abschnitt 4, § 2.
[4]) Der große Schenkel abstehend.

Für die Befestigung der Bodenwrangenarme s. auch Abschnitt 7, § 2 b, 1, zweiter Absatz.

Die Anordnung von Winkelbodenwrangen an Stelle von schmiedeeisernen wird empfohlen.

An Stelle der in der Tabelle angegebenen Winkelprofile können andere von gleicher Festigkeit genommen werden.

Tabelle IVa Nur feste Spanten

$\dfrac{U+B}{2}$	Spanten		Bodenwrangen							
	Entfernung von Mitte zu Mitte	Winkel	Bodenwrangenplatten	Winkel[1]) außerhalb $^3/_4\,L_1$	Armlänge	Bolzen im				
						Hals		Arm		
						Anzahl[2])	Durchmesser	Anzahl	Durchmesser	
m	mm	mm	mm	mm	mm		mm		mm	
4.50 und unter 4.75	380	45×45×5	300×4.5	75×50×7	700	3	15	5	11	
4.75 ″ ″ 5.00	385	50×50×4.5	310×4.5	85×65×6	740	3	16	5	12	
5.00 ″ ″ 5.25	390	50×45×5	320×4.5	90×60×6	780	4	16	5	12	
5.25 ″ ″ 5.50	395	50×50×5	330×5	85×65×7	820	4	17	5	13	
5.50 ″ ″ 5.75	400	55×55×4.5	340×5	90×60×7	860	4	17	5	13	
5.75 ″ ″ 6.00	405	55×55×5	350×5	90×75×7	900	4	18	5	14	
6.00 ″ ″ 6.25	410	55×55×5.5	360×5.5	90×60×8	950	4	18	6	14	
6.25 ″ ″ 6.50	415	60×60×5	370×5.5	100×75×7	1000	4	19	6	15	
6.50 ″ ″ 6.75	420	60×60×5.5	370×6	100×65×8	1050	4	19	6	15	
6.75 ″ ″ 7.00	425	60×60×6	380×6	115×65×8	1100	4	20	6	16	
1	2	3	4	5	6	7	8	9	10	

[1]) Der große Schenkel aufrecht.

[2]) Bei großer Breite des Kiels ist die Anzahl entsprechend zu vermehren.

Für die Befestigung der Bodenwrangenarme s. auch Abschnitt 7, § 2 b, 1, zweiter Absatz.

An Stelle der in der Tabelle angegebenen Winkelprofile können andere von gleicher Festigkeit genommen werden.

Tabelle IV b

Nur feste Spanten

$\dfrac{U+B}{2}$	Verstärkte Spanten		Rahmenspanten		Niete in Bodenwrangenplatten, Rahmenspanten, Spanten und Gegenspanten	
	Anzahl	Gegenspanten[1])	Anzahl	Platten	Abstand	Durchmesser
m		mm		mm	mm	mm
4.50 und unter 4.75	6	45×35×5	—	—	80	10
4.75 „ „ 5.00	8	45×35×5	—	—	80	10
5.00 „ „ 5.25	10	50×40×5	—	—	80	10
5.25 „ „ 5.50	12	50×40×5	—	—	80	10
5.50 „ „ 5.75	14	55×45×5	—	—	80	10
5.75 „ „ 6.00	16	55×45×5	—	—	80	10
6.00 „ „ 6.25	18	60×40×5	1	200×4	80	10
6.25 „ „ 6.50	20	60×40×5	1	225×4	80	10
6.50 „ „ 6.75	22	60×50×5	2	225×5	80	10
6.75 „ „ 7.00	24	60×50×5	2	250×5	80	10
1	2	3	4	5	6	7

[1]) Der große Schenkel abstehend.

An Stelle der in der Tabelle angegebenen Winkelprofile können andere von gleicher Festigkeit genommen werden.

Tabelle Va

Deckbalken

Db			Deckbalken								
			Entfernung von Mitte zu Mitte		durchlaufende für $^3/_4$ L_1			durchlaufende außerhalb $^3/_4$ L_1 und halbe			an Lukenenden, Masten		
						Höhe			Höhe			Höhe	
			Binnenfahrt	Seefahrt	Breite	mittschiffs	am Weger	Breite	mittschiffs	am Weger	Breite	mittschiffs	am Weger
m			mm	mm	mm	mm	mm	mm	mm	mm	mm	mm	mm
1.4	und unter	1.6	220	200	28	35	28	20	32	20	35	70	35
1.6	„ „	1.8	240	220	30	40	30	22	34	22	40	76	40
1.8	„ „	2.0	260	240	32	45	32	24	37	24	45	82	45
2.0	„ „	2.2	290	260	35	50	35	27	40	27	50	88	50
2.2	„ „	2.5	320	280	38	56	38	30	43	30	55	94	55
2.5	„ „	2.8	360	300	42	62	42	34	47	34	60	100	60
2.8	„ „	3.1	400	330	47	68	47	38	52	38	65	106	65
3.1	„ „	3.4		360	52	74	52	42	57	42	72	113	72
3.4	„ „	3.7		400	57	80	57	46	62	46	80	120	80
3.7	„ „	4.0		440	63	87	63	50	67	50	88	127	88
4.0	„ „	4.4		480	70	94	70	55	74	55	96	134	96
4.4	„ „	4.8		520	78	102	78	60	82	60	105	142	105
4.8	„ „	5.2		560	86	110	86	65	90	65	115	150	115
5.2	„ „	5.6		600	95	120	95	70	100	70	125	160	125
5.6	„ „	6.0		650	105	130	105	75	110	75	135	170	135
1			2	3	4	5	6	7	8	9	10	11	12

Tabelle V b

Hängekniee

D b	Hängekniee					
	Anzahl auf jeder Seite		schmiedeeiserne am		Winkel	Armlänge für L_1
	Binnenfahrt	Seefahrt	Hals	Armende		
m			mm	mm	mm	mm
1.4 und unter 1.6	2	3	20× 8	18×4	20×20×3	300
1.6 „ „ 1.8	2	3	22× 8	20×4	25×25×3	320
1.8 „ „ 2.0	3	4	24× 9	20×5	30×30×3	340
2.0 „ „ 2.2	3	4	26×10	22×5	30×30×4	360
2.2 „ „ 2.5	4	5	28×12	22×6	35×35×4	380
2.5 „ „ 2.8	5	6	30×14	24×6	40×40×4	400
2.8 „ „ 3.1	6	7	33×16	27×7	45×45×5	430
3.1 „ „ 3.4		8			50×50×5	460
3.4 „ „ 3.7		9			55×55×5	500
3.7 „ „ 4.0		10			55×55×6	550
4.0 „ „ 4.4		11			60×60×6	600
4.4 „ „ 4.8		12			65×65×6	650
4.8 „ „ 5.2		13			65×65×7	700
5.2 „ „ 5.6		14			70×70×7	750
5.6 „ „ 6.0		15			75×75×7	800
1	2	3	4	5	6	7

Die Anordnung der Winkelkniee an Stelle der schmiedeeisernen wird empfohlen.

An Stelle der in der Tabelle angegebenen Winkelprofile können andere von gleicher Festigkeit genommn werden.

Tabelle VI Außen- und Deckbeplankung, Weger, Diagonalschienen

$\frac{U+B}{2} \times L$	Außen- und Deckbeplankung		Balkweger Querschnitt		Kimm-weger Querschnitt	Bolzen in Aussenplanken und Spanten				Diagonal-schienen
						Weger	festen	eingebogenen		
	Binnen-fahrt	Seefahrt	Binnen-fahrt	See-fahrt				Binnen-yacht	See-yacht	
qm	mm	mm	qcm	qcm	qcm	mm	mm	mm	mm	mm
10 und unter 12	13	15	14	22		4	4	2.5	3	
12 ,, ,, 14	13	15	16	24		4	4	2.5	3	
14 ,, ,, 16	14	16	18	26		4	4	2.5	3	
16 ,, ,, 18	14	16	20	28		4	4	2.5	3	
18 ,, ,, 20	15	17	22	30		4	4	2.5	3	
20 ,, ,, 22	15	17	24	32		4	4	3	3.5	
22 ,, ,, 24	16	18	26	34		5	5	3	3.5	
24 ,, ,, 26	16	18	28	36		5	5	3	3.5	
26 ,, ,, 28	17	19	30	38		5	5	3	3.5	
28 ,, ,, 30	17	19	33	40		5	5	3.5	3.5	
30 ,, ,, 32	18	20	36	43		5	5	3.5	4	
32 ,, ,, 34	18	20	39	46		6	5	3.5	4	
34 ,, ,, 36	19	21	42	49		6	5.5	3.5	4	
36 ,, ,, 38	20	22	45	52		6	5.5	4	4	
38 ,, ,, 40	21	23	48	55		6	5.5	4	4	
40 ,, ,, 42	22	24	51	58		7	5.5	4	4.5	
42 ,, ,, 44	23	25	54	61		7	5.5	4	4.5	
44 ,, ,, 46	24	26	57	64		7	6	4.5	4.5	
46 ,, ,, 48	25	27	60	67		8	6	4.5	4.5	
48 ,, ,, 50	26	28	63	70		8	6	4.5	4.5	
50 ,, ,, 52		29		73	60	8	6		5	50×4
52 ,, ,, 54		30		76	63	8	6		5	50×4
54 ,, ,, 56		31		80	66	9	6.5		5	55×4
56 ,, ,, 58		32		84	69	9	6.5		5	55×4
58 ,, ,, 60		33		88	72	10	6.5		5	60×4
60 ,, ,, 62		34		92	75	10	6.5		5.5	60×4
62 ,, ,, 64		35		96	78	10	6.5		5.5	65×4
64 ,, ,, 67		36		100	81	11	7.5		5.5	65×4
67 ,, ,, 70		37		105	84	11	7.5		5.5	70×4
70 ,, ,, 75		38		110	87	11	7.5		5.5	75×4
75 ,, ,, 80		39		116	90	12	7.5		6	80×4
80 ,, ,, 85		40		124	95	12	8.5		6	85×5
85 ,, ,, 90		41		132	100	12	8.5		6	90×5
90 ,, ,, 95		42		140	105	13	8.5		6.5	95×5
95 ,, ,, 100		43		150	110	13	9		6.5	100×5
100 ,, ,, 110		44		160	115	13	9			105×5
110 ,, ,, 120		45		170	120	14	9			110×5
120 ,, ,, 130		46		180	125	14	10			115×5
130 ,, ,, 140		47		190	130	14	10			120×6
140 ,, ,, 150		48		200	135	15	10			125×6
150 ,, ,, 160		49		210	140	15	11			130×6
160 ,, ,, 170		50		220	145	15	11			135×6
170 ,, ,, 180		51		230	150	16	11			140×6
180 ,, ,, 190		52		240	155	16	12			145×6
190 ,, ,, 200		53		250	160	16	12			150×6
1	2	3	4	5	6	7	8	9	10	11

Die oben angegebenen Durchmesser der Bolzen in den Außenplanken gelten für Nietbolzen und für die Kerndurchmesser der Schraubbolzen.

Tabelle VII

Durchmesser der Ballastkielbolzen

Querschnitt des Ballastkiels in m^2 × Abstand der Bolzen in der Längsrichtung in m	Verhältnis der Höhe des Ballastkiels zu seiner Breite an der Oberkante				
	unter 1	1 und unter 1.5	1.5 und unter 2	2 und unter 2.5	2.5 und unter 3
	mm	mm	mm	mm	mm
unter 0.015	14	14	14	16	19
0.015 und „ 0.020	14	14	16	19	22
0.020 „ „ 0.030	14	16	19	22	25
0.030 „ „ 0.045	16	19	22	25	29
0.045 „ „ 0.065	19	22	25	29	32
0.065 „ „ 0.085	22	25	29	32	35
0.085 „ „ 0.105	25	29	32	35	38
0.105 „ „ 0.130	29	32	35	38	41
0.130 „ „ 0.160	32	35	38	41	44
0.160 „ „ 0.190	35	38	41	44	48
0.190 „ „ 0.225	38	41	44	48	51
0.225 „ „ 0.260	41	44	48	51	54
0.260 „ „ 0.300	44	48	51	54	57
0.300 „ „ 0.340	48	51	54	57	
0.340 „ „ 0.380	51	54	57		
0.380 „ „ 0.430	54	57			
0.430 „ „ 0.480	57				
1	2	3	4	5	6

Tabelle VIII

Anker, Ketten und Trossen für Binnenfahrt

0.6 × L × B × H + ½ Inhalt der Aufbauten	Anker		Ketten		Hanftrossen	
	Anzahl	Gewicht mit Stock	Länge	Durchmesser	Länge	Umfang
cbm		kg	m	mm	m	mm
5 und unter 7	1	12	—	—	25	35
7 „ „ 10	1	14	—	—	25	40
10 „ „ 14	1	16	18	7	30	45
14 „ „ 20	1	18	20	7	30	50
20 „ „ 28	1	23	20	8	35	55
28 „ „ 38	1	28	25	8	40	60
38 „ „ 50	1	35	25	9	45	65
1	2	3	4	5	6	7

Tabelle IX

Anker, Ketten und Trossen für Seefahrt

0.6 × L × B × H + ½ Inhalt der Aufbauten	Anker				Ketten		Hanftrossen		
	Anzahl	Gewicht mit Stock			Länge	Durch-messer	Länge	Umfang	
		1.	2.	3.				1.	2.
cbm		kg	kg	kg	m	mm	m	mm	mm
7 und unter 10	1	14	—	—	45	6	35	70	—
10 „ „ 14	1	16	—	—	50	7	40	75	—
14 „ „ 20	1	20	—	—	55	8	45	80	—
20 „ „ 28	2	25	18	—	60	8	50	85	—
28 „ „ 38	2	30	23	—	70	9	60	90	—
38 „ „ 50	2	37	30	—	80	10	65	95	—
50 „ „ 65	2	45	37	—	90	11	70	100	—
65 „ „ 80	2	55	45	—	100	12	80	105	—
80 „ „ 100	2	65	50	—	110	13	90	110	—
100 „ „ 125	2	80	62	—	125	14	90	115	—
125 „ „ 150	2	95	75	—	140	14	90	115	—
150 „ „ 180	2	110	87	—	155	15	90	120	—
180 „ „ 210	2	130	100	—	170	15	90	120	—
210 „ „ 250	3	150	120	55	185	16	90	125	70
250 „ „ 300	3	175	140	70	185	17	100	130	75
300 „ „ 350	3	200	160	85	200	18	100	135	80
350 „ „ 400	3	220	185	100	215	18	100	135	85
400 „ „ 450	3	240	210	115	215	19	100	140	90
450 „ „ 500	3	260	230	125	230	19	100	145	95
1	2	3	4	5	6	7	8	9	10

www.ingramcontent.com/pod-product-compliance
Lightning Source LLC
Chambersburg PA
CBHW020131010526
44115CB00008B/1070